Hübsch  **Fanatische Krieger im Namen Allahs**

Hadayatullah Hübsch

# Fanatische Krieger im Namen Allahs

Die Wurzeln des islamistischen Terrors

Diederichs

Die Deutsche Bibliothek – CIP-Einheitsaufnahme
Hübsch, Hadayatullah:
Fanatische Krieger im Namen Allahs : die Wurzeln des
islamistischen Terrors / Hadayatullah Hübsch. – Kreuzlingen ;
München : Hugendubel, 2001
  (Diederichs)
  ISBN 3-7205-2296-2

Konzeption und Realisation: Ariadne-Buchkonzeption,
Christine Proske, München
Redaktion: Sabine Burkhardt, Cornelia Rüping
Umschlaggestaltung: Zembsch' Werkstatt, München
Produktion: Maximiliane Seidl
Satz: EDV-Fotosatz Huber/Verlagsservice G. Pfeifer, Germering
Druck und Bindung: GGP Media, Pößneck
Printed in Germany
ISBN 3-7205-2296-2

# Inhalt

# Editorische Notiz

Die Koran-Zitate sind der im Verlag Der Islam 1996 erschienenen deutschen Übersetzung entnommen. Sie hat eine andere Zählweise als viele andere Übersetzungen, da in ihr der jeder (mit Ausnahme der 9.) Sure voranstehende Vers »Im Namen Allahs, des Gnädigen, des Barmherzigen« mitgezählt wird. Sure 2 Vers 26 ist, beispielsweise, in anderen Ausgaben Sure 2 Vers 25 etc.

Bei den meisten der angeführten Hadith handelt es sich um Übersetzungen des Autors aus englischen Werkausgaben von Hadith-Sammelbänden. Was die Quellenangaben zitierter Hadith betrifft, so wurden, wie allgemein üblich, nur die Hadith-Werke angegeben, die jeweils unter dem Namen ihres Herausgebers geführt werden.

Die Bibel-Zitate entstammen der im Herder-Verlag veröffentlichten »Einheitsübersetzung«, Freiburg 1999.

# Vorwort

Nach dem 11. September 2001 wird nichts mehr so sein wie vorher! Diese Aussage konnte man in den ersten Wochen nach dem Attentat allenthalben hören. Das Entsetzen über die Terrorangriffe auf das World Trade Center in New York und das Pentagon in Washington war so überwältigend, da eine Einordnung dieser Taten in bislang bekannte emotionale oder rationale Kategorien unmöglich schien. Indes verlangen auch Ereignisse, die unser Vorstellungsvermögen überfordern, nach Erklärungen. Wir wollen den Wahnsinn begreifen, indem wir nach Begründungen für die Motivation der Täter suchen. Und wir wollen verstehen, wie diese neue ungeahnte Qualität der Gewalt entstanden ist.

Etwas zu verstehen bedeutet nicht, damit einverstanden zu sein. Wenn man jedoch die Wurzeln für einen derartigen Akt der Barbarei aufspürt, kann man vielleicht Menschen, die von ähnlichem oder gleichem Gedankengut besessen sind, daran hindern, in die Fußstapfen solcher Terroristen zu treten. Wenn wir das Grauen erregende Böse verstehen lernen, kann uns dies in die Lage versetzen, die richtigen Maßnahmen zu ergreifen, um möglichen Nachahmungstätern das ideologische Fundament zu entziehen, denn dies würde ihr potenzielles Tun als sinnlos entlarven. Wenn wir in unseren Gesellschaftsformen auf Grund unserer Einsichten in die Vorgehensweise und Psyche von Terroristen begreifen, welche Veränderungen in unseren äußeren sowie inneren Sicherheitssystemen vorzunehmen sind, können wir es Terroristen zumindest erschweren, ihre Pläne zu verwirklichen. Und wenn wir unsere Bemühungen darauf konzentrieren, das soziale, kulturelle, politische und religiöse Umfeld zu verändern, das die gesellschaftlichen und mentalen Voraussetzungen für terroristisches Gedankengut bildet, können wir vielleicht das ständige Anwachsen von Hass, Neid, Angst und Machtgier eindämmen.

# Fragen zu den Terrorakten vom 11. September 2001

Welcher Art auch immer die Schlussfolgerungen sind, die jeder nach diesen Ereignissen für sich zieht, es ist so gut wie unmöglich, die Frage nach dem Warum nicht zu stellen. Zwar haben die Mächtigen der Welt die Wahl: Sie können beschließen, dass sie eine Zivilisation und ihre geistigen Werte nicht durch Mittel verteidigen wollen, die denen der Täter gleichen. Sie können sich dafür entscheiden, durch Akte der Bestrafung einer Form der Gerechtigkeit Ausdruck zu verleihen, die Vergeltung oder gar Rache vorsieht. Doch jede Entscheidung wird auf lange Sicht ins Leere laufen, wenn ihr nicht eine klare Analyse der Ursachen des Terrors zugrunde liegt.

## Rechtfertigt der Islam gewalttätige Akte?

Bei einer solchen Analyse sind verschiedene Aspekte zu berücksichtigen: Es sind Experten aus Psychologie, Politik, hier besonders aus der Sicherheitspolitik, Soziologie und – vielleicht sogar vor allem – der Theologie gefragt. Der Schwerpunkt der in diesem Buch vorgenommenen Analyse liegt in erster Linie auf dem theologischen Aspekt.

Es wird untersucht, ob der Islam, auf den sich viele der Terroristen beziehen, wirklich eine Rechtfertigung für Terrorakte gibt, wie sie in Amerika am 11. September 2001 durchgeführt wurden. Der Islam beruft sich auf zwei wesentliche Schriften: den Koran und die Sunna. Der Koran enthält nach dem Glauben der Muslime wörtliche Mitteilungen Allahs (so der Eigenname Gottes, mit dem er sich dem Propheten Mohammed offenbarte) an den Propheten, die Gesetzesstatus haben. Die Sunna beinhaltet die Überlieferung vom Leben des Propheten. Diese ist zumeist in schriftlicher Form, in den so genannten Hadith, festgehalten. Durch die Zuordnung der Täter zu islamistischen Kreisen existiert in der Öffentlichkeit die Vorstellung, Terrortaten wie die vom 11. September 2001 würden durch die Aussagen des Koran und der Sunna legitimiert. In religiösen Kreisen und auch in den Medien, besonders in den Boulevard-Zeitungen, kam es nach den Attentaten auf New York und Washington daher zu einer intensiven Diskussion der Theodizee-Frage. Also der Frage: Was ist das für ein Gott, der solch ein Geschehnis zulässt?

## Welche Gottesvorstellung haben islamistische Terroristen?

Die Theologie des Islam geht generell davon aus, dass in gewissen Bereichen des menschlichen Zusammenlebens eine Eigengesetzlichkeit herrschen kann. Wenn jemand einem anderen ein Geschenk macht, ist der Gebende nicht dafür verantwortlich, wenn der Beschenkte damit Unfrieden stiftet oder es für ein Verbrechen missbraucht. Wer dagegen ein Gebäude errichten will, ist zunächst selbst dafür verantwortlich, dass sich weder bei der Konstruktion noch bei der Errichtung des Baus Fehler einschleichen, die womöglich zu seinem

Einsturz führen. In den überlieferten Äußerungen des Propheten Mohammed, den oben erwähnten Hadith, findet sich ein Begebnis, das diesen Gedankengang näher beleuchtet.

Ein Beduine kam zum Propheten und beschwerte sich, dass sein Kamel fortgelaufen sei, obwohl er, als er es allein zurückgelassen habe, sein Vertrauen in Allah gesetzt habe. Warum, so seine Beschwerde, ließ Allah das Kamel weglaufen, wenn er doch um seinen Schutz gebeten habe? Der Prophet antwortete: »*Binde erst dein Kamel an, dann vertraue auf Gott!*«

Der Mensch, so lässt sich daraus schließen, trägt selbst die Verantwortung für sein Tun. Wenn er etwas unternimmt oder unterlässt, wodurch er sich selbst schadet, kann er sich nicht darauf berufen, dass ihn Gott in seiner Barmherzigkeit davor hätte bewahren müssen. Nach islamischem Glauben gibt es zudem bestimmte Bedingungen, unter denen Allah einem Schutz gewährt und in das private oder öffentliche Leben eingreift: Voraussetzung dafür sei zum Beispiel, dass man in seinen Gebeten darum bittet. Es gibt aber den verdeckten Segen (»blessing in disguise«). Das bedeutet aus der Sicht der Gläubigen, dass Allah ein schlimmes Ereignis zulässt, damit es als Warnung vor etwas sehr viel Schlimmerem dienen kann. Dadurch hätten die Menschen, die das Ereignis begreifen, die Möglichkeit, sich dementsprechend zu verhalten. Im Islam kann man also nicht davon ausgehen, dass Gott dazu da ist, schreckliche Ereignisse zu verhindern. Denn das würde kurz gesagt in der Konsequenz dazu verführen, dass man tun und lassen kann, was einem gerade einfällt, da ja letztlich Gott dafür Sorge trägt, dass einem nichts zustößt. Solches Denken widerspräche auch dem Geist einer andauernden Weiterentwicklung der Menschheit, die ja nur möglich ist, wenn jeder Einzelne fortwäh-

13

rend dazulernt, stärkeres Verantwortungsbewusstsein entwickelt, die moralische Qualität seines Handelns verbessert und somit ständig eine innerliche und äußerliche Vervollkommnung anstrebt.

Bei diesen religiösen Überlegungen muss daher – um die Motive der schrecklichen Attentate zu ergründen – in erster Linie nach der Gottesvorstellung der Täter gefragt werden. Nach momentanem Kenntnisstand stammen diese Menschen aus einem islamischen Umfeld und verstehen sich sogar direkt als Gottgläubige, vielleicht sogar als fromme Muslime. Zumindest geht das aus dem Testament von Mohammed Atta, einem der Attentäter, hervor. Dieses Testament, abgefasst »Im Namen Gottes, des Allmächtigen«, enthält eine Mischung aus islamischen Ritenbeschreibungen, die für jeden Muslim an sich selbstverständlich sind, christlichen Einsprengseln und einer – sicher ungewollten – Darlegung von Ängsten und Komplexen.

Was also ist das für ein Gott, auf den sich solche Terroristen berufen? Wir werden im Abschnitt über die religiösen Grundlagen und Vorstellungen, die Motive und Ziele derartiger Attentäter untersuchen, welchem Gottesbild sie anhängen. Es ist zu prüfen, ob es sich dabei wirklich um den Gott Mohammeds handelt oder vielmehr um eine völlig abwegige, absurde und unsinnige Vorstellung vom Gott des Islam. Gleiches gilt für die eigentlichen Brandstifter, diejenigen Mullahs (religiöse Würdenträger) und Führer, die zu Morden und Blutvergießen aufrufen. Also jener Klerus, der letztlich für all die im Namen des Islam verübten Terrorakte die Grundlage schafft, weil er die Terroristen bezüglich ihrer Glaubensvorstellungen ausbildet und ihnen sozusagen »geistlichen Beistand« gewährt.

So versprechen diese Mullahs den Terroristen beispielsweise, sie kämen nach ihrem Selbstmord als Märty-

14

rer direkt ins Paradies. Dabei verbietet Allah im Koran Selbstmord, indem er sagt: *»Und tötet euch nicht selber. Siehe, Allah ist barmherzig gegen euch.«* (Sure 4 Vers 30). Auch heißt es in einem Koran-Vers, der nach der Terrorattacke immer wieder von vielen zitiert wurde: *»Aus diesem Grunde haben Wir den Kindern Israels verordnet, daß wenn jemand einen Menschen tötet – es sei denn für (Mord) an einem anderen oder für Gewalttat im Land –, so soll es sein, als hätte er die ganze Menschheit getötet; und wenn jemand einem Menschen das Leben erhält, so soll es sein, als hätte er der ganzen Menschheit das Leben erhalten.«* (Sure 5 Vers 33).

Dieser Vers verurteilt jede Form von Mord. Allerdings kann das Töten eines Menschen dann erlaubt sein, wenn ein Staat durch ein entsprechendes Gerichtsurteil die Todesstrafe verhängt. Für eigenmächtige Rache gibt es nach diesem Koran-Vers jedoch keinerlei Rechtfertigung. Wer trotzdem meint, Terroranschläge spiegelten den ausdrücklichen Willen Allahs wider und die Terroristen hätten doch als Werkzeug Gottes gehandelt, sollte darüber nachsinnen, dass es in der Sure 18 Vers 52 des Koran heißt: *»Nie ja nehme Ich* (Allah, Anm. des Autors) *die Verführer zum Beistand.«*

## Wie sieht die westliche Welt den Islam?

Die allgemeine Verunsicherung verlangt nach einer eingehenden Beschäftigung mit allem, was als Beweggrund und Ursache für die Attentate angesehen werden kann. Wir können unsere Augen nicht vor der Tatsache verschließen, dass die jüngsten Anschläge in den USA auch dazu führten, dass viele Medien und weite Teile der Bevölkerung »den Islam« als extremistische und Gewalt fordernde oder legitimierende Religion brandmarken. So schrieb der britische »Daily Telegraph«: »Der Islam ist eine Religion, die sämtliche Formen der Gewalt sanktioniert.« Ibn Warraq, ein ehemals muslimischer Intellektueller, der dem Islam abgeschworen hat, führte in der französischen Zeitschrift »Marianne« aus: »Natürlich gibt es moderate Muslime; der Islam selbst hingegen ist nicht moderat. Der Islam ist eine totalitäre Ideologie.« Und die deutsche Zeitschrift »Stern« legte unter dem Stichwort »heiliger Krieg« dar, der Islam lehre: »Muslime sollten ihre Religion durchaus auch mit Waffengewalt verbreiten.«

Doch inwieweit stimmen diese Aussagen tatsächlich mit Koran und Sunna überein? Entsprechen sie den Tatsachen oder geben sie nur alte Vorurteile wieder, bzw. Meinungen, wie sie von islamischen Fanatikern vorgebracht werden. Es ist wichtig, sich klar zu machen, dass es sich bei jenen um eine ganz spezielle Gruppe handelt. Es würde ja auch keiner allen Ernstes behaupten wollen, die Protestanten und Katholiken Nordirlands, die sich gegenseitig terrorisieren, stünden repräsentativ für diese beiden Glaubensrichtungen.

Warum also wird dem Islam generell nachgesagt, er unterstütze die Verbreitung von Gewalt? Warum nimmt man die Aussagen von Leuten, die in Bezug auf die Lehren des Propheten nachweislich nur über Halbwissen verfügen, ernster als die von seriösen Gelehrten des Islam? Diese haben schließlich immer wieder bewiesen, dass der Koran eine gewaltsame Verbreitung des Islam verbietet. Es herrscht sowohl im Westen als auch im Osten unserer Welt in der Tat ein immenses Unwissen über die Lehren des Islam hinsichtlich des Djihad, dem so genannten heiligen Krieg.

All diese Fragen verlangen befriedigende Erklärungen. Dabei soll hier nicht so sehr die Durchführung der

Taten im Vordergrund stehen. Vielmehr richtet sich das Hauptaugenmerk auf die vielfältigen Fragen, welche die Selbstmordattentate erneut aufgeworfen haben. Diese zu ergründen ist eine der bedeutsamsten Aufgaben unserer Zeit. Es gilt nunmehr, sich auf den Weg zu machen und Spuren sowie Hinweise zu finden, die verständliche und zutreffende Antworten früher oder später möglich werden lassen. Dabei sind meiner Meinung nach vier Punkte zu beachten, die im Folgenden aufgeführt werden.

## Welche Motive und Inspirationsquellen liegen Terroranschlägen zugrunde?

Man muss sich als erstes mit den Motiven und Inspirationsquellen beschäftigen, die dazu führen, dass terroristische Aktionen, von Israel bis New York und Washington, begangen werden und in gewissen Kreisen gefeiert und gutgeheißen werden. Was treibt Terroristen, die sich selbst als Muslime betrachten, zu ihrem Tun? Dabei geht es zunächst um ihre psychologische Befindlichkeit, ihre Sehnsüchte und Utopien. Wovon träumen sie, was versprechen sie sich von ihren wahnsinnigen, selbstmörderischen Taten? Welche Ideale und Wunschvorstellungen haben sie? Und welche Ideen nähren diese Ideale? Welche Verbindungen bestehen zwischen ihrer privaten Geschichte und der Religion, dem Islam? Wie steht es um ihr Wissen von den Inhalten und Lehren, Prophezeiungen und Zielen des Islam. Was wissen sie über Lebensweg und Aufgabe des Propheten Mohammed? Stimmt ihr Selbstverständnis, sind sie tatsächlich Märtyrer im Sinne des Islam? Wie sieht das Paradies aus, in das sie, will man ihren Wortführern glauben, gelangen werden? Und steht ihre Vorstellung vom Diesseits wie vom Jenseits in der Tat im Einklang mit den Aussagen des Islam? Welche Rolle spielen dabei die Prophezeiungen des Propheten Mohammed über das Erscheinen eines Mahdis (siehe Seite 81ff.) und Messias im Islam, von dem viele Mullahs glauben, er würde kommen, um die »Ungläubigen« zu vernichten?

All das bedeutet auch, auf den Prüfstand zu heben, was Präsident Bush einige Tage nach dem Anschlag in einer Moschee in Washington verkündete. Er sagte: »Islam means peace«, was der Übersetzer mit »Islam heißt Frieden« wiedergab. Entspricht dies wirklich den Tatsachen? Oder ist die Vorstellung von einem gewalttätigen Islam, dem die Terroristen zur Herrschaft verhelfen wollten, richtiger? Legt ein Studium der authentischen Quellen des Islam, des Koran und der Hadith, diese gewältätige Interpretation nahe?

## Wie ging die Weltöffentlichkeit mit den Attentaten um?

Der zweite Punkt, den wir diskutieren möchten, betrifft die Reaktionen auf die Attentate vom 11. September 2001. In den Medien waren, wie schon erwähnt, zahlreiche Stimmen zu hören, die den Islam insgesamt brandmarkten und dieser Religion die Verantwortung für das grausame Verhalten der muslimischen Terroristen gaben. In der Konsequenz bescheinigten diese Stimmen der westlichen Zivilisation ein generelle Überlegenheit.

Doch inwiefern provozieren solche Äußerungen, wie sie zum Beispiel Italiens Ministerpräsident Silvio Berlusconi von sich gab, militante Muslime? Wie gehen sie mit seiner Aufforderung um, der Westen sei berech-

tigt, einen Eroberungsfeldzug gegen den Islam zu führen? Führt eine Aussage, wie Berlusconi sie in Berlin
machte, womöglich zu einer gefährlichen Wechselwir-
kung in muslimischen Kreisen? Er sagte dort: »Der
Westen wird weiterhin Völker erobern, so wie es ihm
gelungen ist, die kommunistische Welt und einen Teil
der islamischen Welt zu erobern, aber ein anderer Teil
davon ist um 1.400 Jahre zurückgeblieben.« Und welche Auswirkungen haben solche markigen Worte wie
jene, die Frankreichs Skandalautor Michel Houelle-
becq kürzlich in einem Interview herausposaunte, denen zufolge der Islam »die schwachsinnigste Religion
der Welt« sei? Steht hier nicht Extremismus gegen Extremismus? Der »clash of civilizations«, der Kampf der
Kulturen, den der Autor Samuel P. Huntington in seinem gleichnamigen Buch beschwört, findet in erster
Linie in den Feuilletons der Zeitungen von Paris bis
Kairo statt. Was sind die Konsequenzen dieser hart ge-
führten Debatte? Und wie könnte im Gegensatz dazu
der längst fällige Dialog zwischen den Kulturen geführt werden, damit es zu einer Annäherung kommen
kann?

## Was bedeutet der Begriff »Djihad«?

Die dritte große Frage ist die nach dem Begriff »Djihad«: Ist jenes Konzept von einem blutigen, gewaltsamen Djihad, das in einigen Teilen des islamischen Kul-
turkreises vorgetragen wurde und wird, tatsächlich mit
den authentischen Quellen des Islam vereinbar oder
nicht. Unbezweifelbar berufen sich in der jüngsten Zeit
Wortführer, die sich als wahre Vertreter des Islam be-
zeichnen, darauf, dass die islamische Lehre die terroris-

tischen Vorgehensweisen billige. Deshalb ist detailliert zu erkunden, auf welche islamischen Quellen oder Traditionen sich die Propagandisten des Konzepts eines blutigen, gewaltsamen Djihads beziehen, und wie ihre Interpretation aussieht. Die strittigen Koran-Verse und die Stellen im Hadith müssen, soweit wie nur irgendwie möglich, aufgeführt und diskutiert werden. Die Schriften und Reden der Mullahs, die sich auf sie berufen, tragen nämlich ganz wesentlich zu dem »Feindbild Islam« bei.

Solange keine Klarheit darüber besteht, ob die Lehre des Islam Terrorismus in irgendeiner Form legitimiert oder nicht, wird es keinen wirklichen Frieden geben. Und die Gefahr eines verheerenden Flächenbrandes ist groß. Hinzu kommt, dass Nicht-Muslime, wo immer sie sich befinden, wirklich Angst vor einem Islam haben müssten, der Terrorismus legitimiert. Das hätte auch weitreichende Folgen für das Zusammenleben zwischen Muslimen und Nicht-Muslimen. Diesbezügliche Aufklärung und eine Auseinandersetzung mit allen diesen Fragen sind dringend notwendig. Es gilt nach bestem Wissen und Gewissen Fakten darzulegen und die Herausforderung durch den so genannten islamistischen Terrorismus anzunehmen, indem wir uns mit seinen geistigen Grundlagen auseinander setzen.

Wenn hier das Wort »islamistisch« benutzt wird, dann, um die in westlichen Medien gängige Unterscheidung zwischen dem Islam friedlicher Provenienz und jener Einstellung aufzugreifen, die Gewalttätigkeit als Möglichkeit der Politik akzeptiert (Islamismus). »Islamismus« ist eine Verballhornung des Wortes »Islam«. Islam heißt übersetzt: »Frieden finden durch Hingabe an Gott«. Jene, die für Militanz, Terror und Mord im Namen Allahs einstehen, nennen ihre Religion ebenfalls Islam. Wenn der Koran und der

Prophet Mohammed ernst genommen würden, wäre »islamischer Terrorismus« unmöglich – das ist meine These. Den dieser Tage Schrecken verbreitenden Terror, zu dem sich »Muslime« bekennen oder hingezogen fühlen, kann man also im Einklang mit dem öffentlichen Diskurs »islamistisch« nennen, weil dieses Wort quasi ein Synonym für Gewalt geworden ist. Meiner Meinung nach verunglimpfen aber sowohl dieses Wort wie auch die Täter, die als islamistisch bezeichnet werden, den tatsächlichen Namen der Religion Allahs, den Islam.

Kurzum: Solange nicht eindeutig geklärt ist, ob Islam nun für Feuer und Schwert, Hass und Terror steht oder für Barmherzigkeit und Gerechtigkeit, Liebe und Fürsorge, kann es sowohl bei den Entscheidungsträgern als auch ganz allgemein innerhalb der Weltbevölkerung kein Miteinander geben. Zumindest kein Miteinander, das uns in die Lage versetzt, Aggressivität und Feindschaft zu überwinden und durch Mitgefühl und Wahrung der Menschenwürde wie der Menschenrechte einen Rahmen des Zusammenlebens zu schaffen, der allen Schutz und Freiheit bietet. Um die Voraussetzungen dafür zu schaffen, sind zunächst Information und Erläuterungen notwendig.

## Wie finden wir zu einem Dialog der Kulturen?

Es ist viertens unübersehbar, dass nach den Attentaten am 11. September 2001 eine Debatte und ein Dialog entstanden sind, die um den Erhalt des Fortschritts ringen. Dabei wird immer wieder ins Feld geführt, wie unverzichtbar es sei, materielle Voraussetzungen für ein einigermaßen menschenwürdiges Überleben in jenen Ländern zu schaffen, in denen Terrorismus eine Heimstatt hat. Die soziale Lage dort sei dringlichst zu verbessern, Menschenrechte seien einzuklagen, Meinungs- sowie Pressefreiheit seien zu ermöglichen und selbstverständlich sei einer Unterdrückung der Rechte von Frauen entgegenzuwirken. Dies ist indes nur die eine Seite der Medaille. Zudem stellt sich auch die Frage, ob die westlichen Modelle in jenen Breitengraden wirklich das Mittel der Wahl darstellen. Genauso gilt es auch, das möchte ich ergänzen, von der Schönheit des Islam zu lernen. Die moralische und spirituelle Größe, die der Weg Mohammeds verheißt, vermag den, der sich auf ihn einlassen will, wahrlich zu begeistern. Das beweist nicht nur Goethe, dem die kosmopolitischen Verse zu verdanken sind: »Wer sich selbst und andre kennt / wird auch hier erkennen / Orient und Okzident / sind nicht mehr zu trennen.«

Sich auf die Mystik und Poesie des Islam wirklich einzulassen, hilft auch, den Heilsversprechungen jener fundiert zu begegnen, die im Terror ihre letzte Zuflucht suchen. Das Denken und Handeln, das Gewalt zum unverzichtbaren Bestandteil des Lebens macht, ja, das Erlangen von Erlösung in höchstem Maße von der Ausübung terroristischer Gewaltanwendung abhängig erscheinen lässt, steht in einem massiven Widerspruch zu den allgemein anerkannten Werten der Menschlichkeit und ihrer Ethik. Dass diese Denk- und Handlungsweisen immer wieder mit Worten wie »wahnsinnig«, »abnormal« und »verrückt« belegt werden, zeigt, dass wir es mit Phänomenen zu tun haben, die auf rationalen Entgleisungen sowie der Missachtung von Moral und Spiritualität beruhen. Polarisierungen und Schwarz-Weiß-Malereien, aber auch vermeintliche Differenzierungen, denen es an Aussagekraft mangelt, bieten hier jedoch keine langfristige Lösung. Weder mit

Schuldzuweisungen noch mit einer Betonung der angeblichen westlichen Überlegenheit ist den Ursachen dieses Terrorismus beizukommen.

Die Einteilung der Welt in »die Bösen« und »die Guten« sowie hektische Sicherheitsmaßnahmen vermögen zwar oberflächlich Kräfte zu mobilisieren, werden den Terror aber nicht ausmerzen können. Ein umfassender gesellschaftlicher Bewusstwerdungsprozess wäre durch die Besinnung auf die Grundsätze der Weisheit und Vernunft, die man in den Prinzipien der Aufklärung findet (die es weltweit gibt), zu erreichen. Zudem gilt es, jene Kräfte zu stärken, die sich weder von Machtstreben noch von egoistischen Interessen leiten lassen. Die stattdessen bemüht sind, Frieden zu finden und Frieden zu verbreiten. Die wissen, welche Argumente und Beweise dem Klima der Angst entgegenzusetzen sind.

Nur wer tatsächlich weiß, wie und warum beispielsweise bestimmte Mullahs willfährige Opfer verführen, auf welchen Grundlagen sie ihre makabren Gedankengebäude errichten, kann sachlich und überzeugend dagegen argumentieren – und dadurch einen Beitrag leisten, um den geistig-moralischen Sumpf des Terrorismus auszutrocknen. Die Wurzeln des islamistischen Terrorismus zu kennen, heißt, sich aus seinem Bannkreis zu entfernen. Das ist der Beginn des Sieges über ihn. Indem man das Wissen über die Unhaltbarkeit seines Fundaments weitergibt, wirkt man an seinem Untergang mit. Zudem haben die Attentate vom 11. September 2001 die Notwendigkeit eines Austauschs zwischen den Kulturen offen gelegt. Doch die Annäherung muss Stückwerk bleiben, wenn die Glaubensvorstellungen des jeweils anderen fremd bleiben. Wer einem Muslim, der gegen Gesetze verstößt, mit Argumenten aus dem Koran begegnet, wird – so zeigt es die Erfahrung – mehr zu seiner Einsicht beitragen, als wenn er ihn mit westlichen Regeln und Gesetzen konfrontiert.

Wenn es denn eine Botschaft gibt, die als »blessing in disguise« den erschütternden Ereignissen im September 2001 zu entnehmen ist, dann fordert sie dazu auf, die Religionen der anderen Kulturen kennen zu lernen. Wir sollten den Schritt wagen, unsere eigenen Glaubensvorstellungen daraufhin zu befragen, inwieweit sie uns Anleitungen geben, die aus dem Dilemma eines »Kampfes der Kulturen« führen. Dies gilt vor allem für das Verhältnis zwischen Judentum, Christentum und Islam. Denn ein solcher »Krieg« bahnt sich durch die Ghettoisierung in den Städten und durch die Radikalisierung im Zeichen von Rassismus und Nationalismus bereits vielerorts an. Abendland und Morgenland sollten neugierig aufeinander zugehen und verstehen, was sie voneinander lernen können. Arroganz und überheblicher Stolz sind dabei keine guten Berater. Eher können der Wunsch zu geben und die Demut, die zum Nehmen befähigt, zu guter Nachbarschaft, wenn nicht gar zu Freundschaft führen.

# Die Haltung des Islam zum Thema Krieg

Unabhängig von der Religion: Krieg wurde im Lauf der Geschichte immer wieder als Mittel der Politik verstanden. Herrscher wie Historiker haben sich stets bemüht, zwischen seiner aggressiven und defensiven Form zu unterscheiden. Aggressiver Krieg wird um Landgewinn oder ökonomischer Vorteile willen, aus purem Machtstreben oder gar aus Zerstörungswut bewusst angezettelt. Ein defensiver Krieg hingegen wird aufgezwungen. Man kann sich ihm nicht entziehen, will man sich nicht der Unterwerfung durch die Aggressoren beugen sowie in einer Fremdherrschaft leben, die nur selten eine Verbesserung der Zustände mit sich bringt. Gewiss, es gibt auch hier Ausnahmen: Etwa wenn ein regierender Diktator durch den Einfall fremder Mächte gestürzt wird und die neuen Machthaber gewisse Freiheiten, zum Beispiel die Religionsfreiheit, gewährleisten, die zuvor nicht eingehalten worden waren.

Mag er gerecht genannt werden oder nicht und mögen Opferbereitschaft, Mut und andere Fähigkeiten, die über Sieg oder Niederlage entscheiden, immer wieder glorifiziert, besungen und geehrt worden sein – Krieg ist immer mit Leid verbunden. Den meisten Philosophen und Denkern und zumal den Heiligen und Propheten der verschiedenen Religionen galt Krieg nicht als wünschenswert. Ihrer Meinung nach waren es die Perioden des Friedens, mit denen das Wohl der

Menschen, ihr Gedeihen und Fortschritt verbunden waren. In Friedenszeiten können sich nicht nur Wissenschaft und Künste entwickeln, sondern es bleibt auch Raum für religiöse Entfaltung, Meditation, Gottesdienst und erst recht für Mystik. Sicherlich hat es in allen Religionen und Weltanschauungen Machthaber und Gefolgsleute gegeben, die sich von einem Krieg viel versprachen. Die Grenzen zwischen Fanatismus jeglicher Richtung und Egoismus sind dabei fließend. Während die einen sich also vom Frieden Glückseligkeit, Lebensgenuss und spirituellen Aufschwung erhoffen, sehnen die anderen die Stunde der Bewährung auf dem Schlachtfeld herbei, in der es gilt, Kriegsruhm und Soldatenehre zu gewinnen.

Die Gemeinschaft der Muslime (Umma) kennt, genauso wie alle anderen Religionen und Weltanschauungen, Menschen der einen wie der anderen Art. In ihrem heiligen Buch, dem Koran (genauer: Qur-an, das oft Gelesene), finden sich viele Verse, die beide Parteien charakterisieren. Dem Glauben der Muslime zufolge enthält der Koran die wörtlichen Mitteilungen Allahs (Gottes), die dem Propheten Mohammed in einem Zeitraum von rund 23 Jahren gewährt wurden. Die Schrift ist in 114 Suren (Kapitel) unterteilt, die nicht – wie immer wieder behauptet – der Länge nach, sondern einem inhaltlichen Zusammenhang gemäß geordnet sind.

Als Buch der Offenbarung über die Psyche des Menschen sind im Koran Schlüsselszenen aus der Geschichte der Menschheit überliefert, wie sie von Propheten und anderen Heilsgestalten erlebt und erfahren wurden. Zudem enthält der Koran Anweisungen für ein richtiges Verhalten in allen erdenklichen Situationen des Lebens: von der Zähmung der Sinne und Triebe bis zur Reinigung des Gemüts und des Herzens.

Die Heilige Schrift des Islam versteht sich als Anleitung, wie man Egoismus überwinden und inneren wie äußeren Frieden erlangen kann. Die sozialen und gesellschaftlichen Belange des Menschen werden ebenso behandelt wie die Geschichte des Universums. Auch die Beziehung von Mann und Frau, die Festsetzung ihrer Gleichwertigkeit und Regeln für ihr Zusammenleben in Zärtlichkeit und Frieden sind Bestandteil der koranischen Lehren. Hinzu kommen Anweisungen zur Kindererziehung oder zu einem ehrlichen Berufsleben. Ökonomie und Ökologie, Politik und Privatleben, Erklärungen zur Hygiene und Ernährung werden ebenfalls zur Sprache gebracht. In rund 700 Geboten und Verboten führt der Koran somit aus, was der Mensch tun muss, um das Leben im Diesseits erfolgreich zu bewältigen. Das Ziel des Menschen ist gemäß dem Koran die Überwindung seiner Selbst und die fortwährende Läuterung seiner Seele. Dadurch soll der Mensch die Fähigkeit erlangen, in den rein geistigen Dimensionen des Jenseits zu leben, das, im Vergleich zum mühevollen irdischen Leben, als wahre Glückseligkeit gepriesen wird.

## »Streben auf Seinem Wege«: die Bedeutung des Begriffs »Djihad«

Das Wort »Islam« heißt übersetzt: »Frieden finden durch Hingabe an Gott«. In der Bedeutung des Wortes »Muslim« (der Gottergebene) kommt die Aufgabe der Gläubigen zum Ausdruck, einen Zustand der völligen Gottergebenheit zu erlangen. Kurzum, ein Muslim soll alles tun, um dem Willen seines Schöpfers gemäß zu leben. Dabei gilt Vers 36 der Sure 5 als Leitspruch:

»O die ihr glaubt, fürchtet Allah und suchet den Weg der Vereinigung mit Ihm und strebet auf Seinem Wege, auf daß ihr Erfolg habt.« Dieses »Streben auf Seinem Wege«, bei dem der Gläubige fürchtet, die Liebe, Barmherzigkeit und Leitung Allahs durch willentlich falsches Tun und bewusstes Übertreten seiner Gesetze zu verlieren, ist das, was im Islam »Djihad« genannt wird. Der Begriff »Djihad« heißt mithin wörtlich übersetzt »eine Anstrengung unternehmen, sich hart um etwas bemühen«.

In diesem eigentlichen Sinne ist die tägliche Anstrengung, seinen Lebensunterhalt zu verdienen, Gutes zu tun, für Recht und Gerechtigkeit einzutreten und, natürlich, Gott nahe zu kommen, ein »Djihad«. Der »Djihad« des Gläubigen schließt ein, dass er nach bestem Wissen und Gewissen seine eigenen schlechten Angewohnheiten und Mängel, Fehler und Übertretungen bekämpft und dem Vorbild, das er haben mag, nacheifert. Für einen Muslim ist dieses Vorbild der Prophet Mohammed, weil Allah dessen Beispiel gebenden Charakter im Koran besonders hervorgehoben hat. Sein Verhalten in Friedens- wie in Kriegszeiten gilt dem Muslim als absoluter Maßstab.

Der Koran fordert zwar einen Idealzustand von Mensch und Gesellschaft, klammert die realen Schwächen des Menschen und die Probleme des Zusammenlebens jedoch nicht aus. Vielmehr beleuchtet er, wie sie zu behandeln und zu beheben sind. In diesem Zusammenhang ist auch von Krieg die Rede und davon, was im Kriegsfall zu beachten ist. Weil sich der Prophet Mohammed in Kriegssituationen laut Koran als vorbildlich bewährt hat, sind seine Anweisungen in Bezug auf Kriegsführung von einem Muslim unbedingt zu befolgen. Bevor erläutert wird, was in einem Krieg gestattet ist und was nicht, soll geklärt werden, was eine

Kriegsführung im Islam überhaupt erst erlaubt oder bedingt.

## Die berühmte Schlacht bei Badr

Es war im Jahr 624 westlicher Zeitrechnung, als sich ein für damalige Verhältnisse großes Heer von rund 1.000 schwer bewaffneten und berittenen Kriegern von Mekka aus auf den Weg nach Yathrib (dem heutigen Medina) machte. Mekka genoss damals auf der arabischen Halbinsel eine herausragende Stellung als Handelszentrum. Seine Einwohner profitierten insbesondere von dem Umstand, dass sich hier die allen Arabern heilige Kaaba befand. Dieser würfelförmige Bau beherbergte als Gotteshaus die über 350 Götterbilder, die damals von den Arabern verehrt und angebetet wurden. Mekka war somit das Zentrum ihrer Pilgerfahrten. Als Mohammed um 610 den Ruf Allahs empfangen hatte, durch den er zum Propheten wurde, wandte er sich zunächst an die Bewohner seiner Heimatstadt Mekka. Dass die Mekkaner seiner Aufforderung, den Glauben an den einen, einzigen Gott anzunehmen, nicht nachkamen, lag wohl auch daran, dass sie befürchteten, ihre Haupteinnahmequelle zu verlieren, wenn sie der Verehrung der Götter in der Kaaba abschwören würden.

13 Jahre lang predigte der Prophet in Mekka friedlich den Islam, ohne auf großen Widerhall zu stoßen. Außer einer kleinen Gruppe von Frauen und Sklaven folgte ihm zunächst niemand. Im Gegenteil, seine ersten Anhänger wurden verfolgt, gefoltert und einige von ihnen auf grausame Art ermordet. Auch auf Mohammed selbst wurden Mordanschläge verübt. Doch der Über-

lieferung nach ließ sich der Prophet nicht zur Gewalt provozieren. Auch seinen Anhängern erlaubte er nicht, Vergeltung zu üben. Da er von Allah keine Offenbarung empfing, die es ihm gestattete, zum Schwert zu greifen, erduldete er jegliche Form von Verfolgung. Im Jahr 622 war die Situation in Mekka so angespannt, dass die Mekkaner sich endgültig entschlossen, den Propheten zu ermorden. Er erfuhr von dem Plan und konnte nach Yathrib fliehen, wo etliche seiner Anhänger lebten. Zwei Jahre später zogen die Mekkaner aus, um ein für alle Mal mit der aufkeimenden neuen Lehre Schluss zu machen. Die wenigen Muslime standen allem Anschein nach vor ihrer Vernichtung. Nicht nur, dass sie kaum Waffen besaßen und so gut wie keine Reittiere. Auch die Tatsache, dass es lediglich etwa 300 männliche Muslime in Medina gab, darunter Jugendliche und Greise, ließ den Kampf gegen 1.000 erfahrene Krieger aussichtslos erscheinen. In dieser Lage, in der Unterwerfung unter die Feinde den sicheren Tod bedeutet hätte, offenbarte Allah dem Propheten die berühmten Verse aus der Sure 22 (Verse 40 bis 42), der so genannten Al-Hadsch:

*»Erlaubnis (sich zu verteidigen) ist denen gegeben, die bekämpft werden, weil ihnen Unrecht geschah – und Allah hat fürwahr die Macht, ihnen zu helfen –, jenen, die schuldlos aus ihren Häusern vertrieben wurden, nur weil sie sprachen: ›Unser Herr ist Allah‹. Und würde Allah nicht die einen Menschen durch die anderen in Zaum halten, so wären gewiss Klöster und Kirchen und Synagogen und Moscheen niedergerissen worden, worin der Name Allahs oft genannt wird. Allah wird sicherlich dem beistehen, der Ihm beisteht. Allah ist fürwahr allmächtig, gewaltig. Jenen, die, wenn Wir*

*sie auf der Erde ansiedelten, das Gebet verrichten
und die Zakat zahlen und Gutes gebieten und
Böses verbieten würden. Und bei Allah ruht der
Ausgang aller Dinge.«*

Dementsprechend bereitete der Prophet sich und die Muslime auf einen Krieg vor. Alle in Medina lebenden Gläubigen wussten, dass es ein Kampf auf Leben und Tod sein würde. Eine Niederlage würde zugleich auch das Ende des Islam bedeuten. Sie waren bereit, die ihnen verheißene, alle irdischen Schönheiten übertreffende Begegnung mit Allah im Jenseits dem Leben im Diesseits vorzuziehen. Sie wussten aber auch, dass ein Sieg in der bevorstehenden Schlacht den Weg zum Erfolg ihres Glaubens in Arabien und sogar der ganzen Welt bedeuten könnte.

Dem Propheten wurden zudem Offenbarungen zuteil, die nicht für den Koran bestimmt waren und in denen Allah ihn über den Ausgang des ersten Krieges zwischen den Gläubigen und den »Götzendienern« unterrichtete. Er versprach ihm einen Sieg und verhieß ihm den Tod der Führer der Mekkaner, die sogar namentlich genannt wurden.

Dass die Muslime sich dem anrückenden Heer aus Mekka unter diesen Vorzeichen todesmutig und zugleich siegesgewiss entgegenstemmten und ihre mangelhafte Ausrüstung durch besonderen Einsatz wettzumachen suchten, ist verständlich. In der Tat errangen sie einen großen Sieg. Die Prophezeiungen gingen wörtlich in Erfüllung. Mit dieser berühmten Schlacht bei Badr wurde nicht nur Geschichte geschrieben. Sie markierte auch den Übergang der Muslime vom langjährigen, opferbereiten Erdulden aller nur erdenklichen Arten von Verfolgung hin zum Prinzip der Selbstverteidigung.

# Das Prinzip der Selbstverteidigung im frühen Islam

Das Prinzip der Selbstverteidigung blieb im frühen Islam bis in die Zeiten der Regierung durch die ersten, »rechtgeleitet« genannten vier Kalifen bestehen. Es gründete im Wesentlichen auf zwei Voraussetzungen.

Erstens: Krieg ist den wahren Muslimen nur die letzte Möglichkeit im Umgang mit den Feinden des Islam. Er muss defensiven Charakter haben. Angriff ohne Bedrohung ist den Gläubigen verwehrt. Die Verse des Koran, die als Erlaubnis verstanden wurden, sich gegen Angriffe zu wehren, um die Glaubensfreiheit zu erhalten oder wieder herzustellen – also die zuvor zitierte Passage aus der 22. Sure –, galten als Leitlinie. Auf die vielen Verse des Koran, in denen vom Djihad, also der Anstrengung auf dem Wege Allahs, die Rede ist, von Kampf und Kämpfen, wird im Folgenden noch ausführlich einzugehen sein. Hier nur so viel, der Koran kennt verschiedene Formen des Djihad: den »Kleinen Djihad«, unter dem die Verteidigung der Glaubensfreiheit mit der Waffe verstanden wird; den »Mittleren Djihad«, der als die Verbreitung der Wahrheit mit dem Wort angesehen wird, und den »Großen Djihad«, den der Koran als die Anstrengung des Gläubigen anordnet, Egoismus und schlechte Eigenschaften in sich zu bekämpfen. Der zitierte Vers über die Verteidigung des Lebens und der Freiheit mit der Waffe gestattet den bewaffneten Kampf nur, wenn folgende Voraussetzungen vorliegen:

a) Es muss ein Angriff auf die Gläubigen vorliegen. Das bedeutet, dass ein Kampf im Sinne Allahs nur der Verteidigung dienen darf.

b) Der den Muslimen aufgezwungene Kampf muss dazu führen können, ein Unrecht zu beseitigen. Das bedeutet, nur wenn der Feind tatsächlich Unrecht an den Gläubigen verübt, haben die Muslime die Erlaubnis, sich zur Wehr zu setzen.

c) Der Feind muss die Gläubigen zuvor aus ihren Häusern vertrieben haben. Das bedeutet, dass die Gläubigen nach einer Vertreibung ihr ursprüngliches Recht auf Heimat per Kampf zurückgewinnen dürfen.

d) Der Feind muss die Gläubigen allein wegen ihres Glaubens bekämpfen. Ist dies der Fall, steht es den Muslimen frei, sich notfalls ein Recht auf Glaubens- und Gewissensfreiheit zu erstreiten. Denn Allah gebietet im Koran immer wieder, dass es in Glaubensdingen keinen Zwang geben dürfe und der Mensch selbst frei entscheiden soll, ob er und wenn, wie er gläubig sein will. Zwei Verse aus dem Koran, die von den vielen, die diesen Zusammenhang betreffen, oft angeführt werden, lauten: *»Es soll kein Zwang sein im Glauben.«* (Sure 2 Vers 257) und *»Darum laß den gläubig sein, der will, und den ungläubig sein, der will.«* (Sure 18 Vers 30).

Aus all dem geht hervor, dass ein Krieg vom Koran her nicht erlaubt ist, wenn es den Befehlshabern um politische Motive, etwa um das Erringen politischer Macht geht, ohne dass eine der oben angeführten Bedingungen vorliegt. Ein Krieg, in dem es nur um ökonomische Ziele geht, das heißt um Beute, ist erst recht nicht im Sinne der koranischen Anweisungen. Dies wird zum Beispiel durch den Vers 68 der Sure 8 belegt, in dem es heißt: *»Einem Propheten geziemt es nicht, Gefangene zu machen, ehe er sich auf kriegerischen Kampf einlassen muss im Land. Ihr wollt die Güter dieser Welt. Allah aber will (für euch) das Jenseits. Und Allah ist allmächtig, allweise.«*

Zweitens: Auch die Durchführung eines regulären Krieges, insbesondere das Verhalten der in das Kriegsgeschehen verwickelten muslimischen Seite, ist genau definiert. Dabei geht es um zwei grundlegende Regelwerke:

Was ist den Muslimen im Krieg erlaubt? Welche Anstrengungen müssen von muslimischer Seite aus unternommen werden, um möglichst schnell wieder einen Friedenszustand zu erreichen?

Hinsichtlich des ersten Punktes findet man eine Vielzahl von Aussagen in den so genannten Hadith, den persönlichen Äußerungen des Propheten Mohammed, die als inspiriert und bisweilen auch als von Allah offenbart gelten. Zusammengefasst lassen sich vier Verhaltensregeln herauskristallisieren.

## Anweisungen zur Kriegsführung in den Hadith

Erstens: Ein Muslim fängt keinen Krieg an; er sollte ein Mensch sein, der Frieden hält und Frieden verbreitet. Mit körperlicher Gewalt setzt er sich nur dann zur Wehr, wenn es unbedingt notwendig ist, um sein Leben zu erhalten oder die Glaubens- und Gewissensfreiheit in seinem Land zu gewährleisten bzw. wiederherzustellen. Das bedeutet, dass es ihm nur im Fall der Selbstverteidigung, sei sie persönlicher oder gesellschaftlicher Natur, erlaubt ist, zur Waffe zu greifen, wobei dieser Weg allerdings nicht zwingend vorgeschrieben ist. Die Weisheit kann es gebieten, vorübergehend oder auch auf längere Zeit auf eine bewaffnete Auseinandersetzung zu verzichten und, falls es unmöglich erscheint, im eigenen Land zu bleiben, auszuwandern (Sure 4 Verse 96 bis 101). Die Geschichte des frühen Islam liefert dazu das Beispiel derer, die in Mekka grausam verfolgt wurden und vom Propheten die Erlaubnis erhielten, nach Abessinien auszuwandern.

Zweitens: Der Krieg ist nur gegen eine reguläre Armee zu führen. Zivilisten dürfen nicht angegriffen werden. Frauen, Kinder, Greise und religiöse Würdenträger dürfen weder getötet noch in rachsüchtiger Absicht in irgendeiner Form verletzt, beeinträchtigt oder auf andere Weise entwürdigt oder entehrt werden.

Drittens: Die Kriegsführung darf nicht maßlos sein. Sie ist nur ein notwendiges Übel, nicht jedoch Selbstzweck oder eine Gelegenheit, niederen Instinkten freien Lauf zu lassen. Eine Verstümmelung der Gefallenen, unnötige Brutalität, das Ausüben von Rache und ungerechtfertigtes Abschlachten des Feindes sind untersagt. Die Geiselnahme von Diplomaten ist verboten. Religiöse Handlungen des Feindes sind zu respektieren. Das gilt auch für Kultstätten, in denen Gott verehrt wird. Grundsätzlich heißt es dazu im Koran: »*Und kämpfet für Allahs Sache gegen jene, die euch bekämpfen, doch überschreitet das Maß nicht, denn Allah liebt nicht die Maßlosen.*« (Sure 2 Vers 191).

Viertens: Kriegshandlungen sind auf das Schlachtfeld zu beschränken. Lebenswichtige Güter in Feindeshand, Ernten, Obstbäume und andere Frucht tragende Bäume dürfen nicht abgeholzt, abgebrannt oder vernichtet werden. Ein Feldzug nach dem Prinzip der verbrannten Erde ist nicht gestattet. Das Ziel eines Krieges muss im Auge behalten werden. Letztlich geht es den Muslimen nicht um eine Vernichtung des Feindes, sondern darum, ihn von der Schönheit des Islam zu überzeugen und ihm den Sinn der Glaubensfreiheit deutlich zu machen. Deswegen ergeht an den Feind auch stets eine Einladung, den Islam anzunehmen bzw. die Vorzüge einer muslimischen Regierung zu erkennen. Diese beruht auf den Grundlagen absoluter Gerechtigkeit, ohne Ansehen der Person oder gar seines Glaubens. In keinem Fall strebt sie eine Unterdrückung des Glaubens anderer an. Im frühen Islam war es üblich, den belagerten Städten anzubieten, dass diejenigen, die sich den Muslimen vom Bekenntnis her nicht anschließen wollten, eine Steuer entrichteten, mit der sie auch vom Wehrdienst freigestellt wurden. Denn es sei nicht klug, Nicht-Muslime in das islamische Heer aufzunehmen. Zugleich sei es aber auch nicht weise, wenn jene einen Vorzug erhielten, die nicht in der Armee dienen müssten. Hinzugefügt sei noch, dass die Scharia (das islamische Rechtssystem) nur auf die muslimischen Bürger angewandt wurde, während Angehörige anderer Glaubensvorstellungen nach den Prinzipien absoluter Gerechtigkeit behandelt werden sollten. Der Koran gebietet nämlich:

*»O die ihr glaubt, seid fest in Wahrung der Gerechtigkeit und Zeugen für Allah, mag es auch gegen euch selbst oder gegen Eltern und Verwandte sein.«* (Sure 4 Vers 136) *und »O die ihr glaubt! Seid standhaft in Allahs Sache, bezeugend in Gerechtigkeit! Und die Feindseligkeit eines Volkes soll euch nicht verleiten, anders denn gerecht zu handeln. Seid gerecht, das ist näher der Gottesfurcht. Und fürchtet Allah; wahrlich, Allah ist kundig eures Tuns.«* (Sure 5 Vers 9).

Dass dies nicht bloße Theorie ist, sondern tatsächlich praktiziert wurde, mag ein Beispiel aus dem Leben des Propheten belegen. Ein jüdischer Stamm, der einen Vertrag mit den Muslimen gebrochen hatte und gegen die bestehende Ordnung rebellierte, war besiegt worden. Danach überließ der Prophet den Besiegten die Entscheidung, ob über sie entsprechend dem islamischen Recht oder den mosaischen Gesetzen (Thora) ein Urteil gesprochen werden sollte. Der Stamm wählte das mosaische Gesetz.

# Vorschriften für das Verhalten im Krieg

Wann und wodurch auch ein Krieg ausbrechen sollte, die oberste Aufgabe der Muslime ist es dabei, so schnell wie möglich wieder einen Friedenszustand herzustellen. Allah hat im Koran Weisungen erlassen, was bei den Bemühungen zu beachten ist, durch die es zu einem Waffenstillstand und womöglich auch zu einem Friedensvertrag kommen kann. So steht nach dem Verhaltenskatalog, der bei der Kriegsführung zu befolgen ist, als zweiter Aspekt der Djihad (im Sinne von Bemühung oder Anstrengung) im Vordergrund. Das bedeutet, dass vorgegeben ist, dass Frieden auf dem Wege unblutiger Auseinandersetzungen erlangt werden soll.

Dabei gilt es zunächst, kompromisslos und eindeutig im Rahmen der tatsächlichen Kriegshandlungen deutlich zu machen, dass man nicht gewillt ist, Verfolgung und Unterdrückung aus religiösen Gründen zu akzeptieren. In diesem Zusammenhang sind all jene Verse des Koran zu lesen, die unmissverständlich davon sprechen, gegenüber den Feinden der Freiheit sei keine unziemliche Weichheit angebracht. Dies bedeutet, dass die Muslime nicht feige sein sollen, sondern bereit, notfalls ihr Leben hinzugeben, wenn dies zur Vernichtung der Tyrannen und zum Erlangen eines auf Gerechtigkeit und Glaubensfreiheit gründenden Staatsgebildes beiträgt.

# Der Missbrauch der Heiligen Schrift des Islam

Der Koran enthält keine Stelle, nach der es erlaubt ist, die Aufforderung, Feinde zu vernichten, wo immer man auf sie trifft (Sure 2 Vers 192), als Rechtfertigung für terroristische Akte zu nehmen. Diese Verse gelten nur für den regulären Kriegszustand, sie bedeuten selbstredend nicht, dass ein Muslim das Recht habe, blindwütig und eigenmächtig jeden »Ungläubigen« zu töten.

Wer diesen und ähnliche Verse des Koran so auslegt, missachtet das oberste Gebot, das bei der Interpretation eines Koran-Verses zu beachten ist: Kein Vers des Koran darf im Widerspruch zu einem anderen stehen. Sicherlich hat es sowohl innerhalb der Ulema (islamische Gelehrte) als auch innerhalb der Orientalistik immer wieder Gelehrte gegeben, die sich bemühten, Widersprüche aufzuzeigen.

Doch vom Anspruch des Koran her ist es eindeutig, dass er sich als vollkommenes Buch (Sure 2 Vers 3: »*Dies ist ein vollkommenes Buch; es ist kein Zweifel darin*«) sowie als Richtschnur für die Rechtschaffenen versteht. Deswegen ist zumindest die von muslimischer Seite erfolgende Islamforschung naturgemäß darauf aus, Widersprüche, die von wissenschaftlicher Seite moniert werden, auszuräumen. Dazu gibt es eine Fülle von Publikationen. Der Vers, auf den sich die Auffassung gründet, dass der Koran in sich und im Verhältnis zur Natur (den Naturwissenschaften) widerspruchsfrei sei, lautet: »*Wollen sie denn nicht über den Qur-ân nachsinnen? Wäre er von einem anderen als Allah, sie würden gewiß manchen Widerspruch darin finden.*« (Sure 4 Vers 83). Den Koran nach Gutdünken im Sinne der eigenen Interessen zu deuten, verletzt nicht nur, religiös gesprochen, die Heiligkeit und Weisheit dieses Buches, sondern missachtet auch jede intellektuell redliche Vorgehensweise, ganz zu schweigen von einem wissenschaftlichen Anspruch, der auf diese Weise nicht zu erfüllen ist.

## Die verschiedenen Bedeutungen des Begriffs »Ungläubiger«

Hinzu kommt, dass der Terminus »Ungläubige«, der oftmals in den Diskursen und Diskussionen innerhalb und außerhalb des Islam fällt, mit einer gewissen Gedankenlosigkeit verwendet wird. So apodiktisch wurde er weder vom Koran noch vom Propheten des Islam gebraucht. Das arabische Wort für »Ungläubiger« lautet »Kafir«; es kann auf unterschiedliche Weise angewandt werden. Zum einen bezeichnet es den Unterschied zum »Momin«, das heißt dem Gläubigen, also dem, der sich zur Kalima bekennt und die Schahada äußert. Unter Kalima versteht man das islamische Glaubensbekenntnis, das heißt die Formel: »La ilaha illallah, Muhammadur rasulullah«, auf Deutsch: »Niemand ist anbetungswürdig außer dem Einen Gott, Mohammed ist der Gesandte Gottes« bzw. wörtlich: »Es gibt keine Gottheit außer Allah, Mohammed ist der Gesandte Allahs«, wobei »Gesandter« zugleich »Prophet« bedeutet. Wer an die Kalima glaubt, ist Muslim; wer sie bezeugt durch sein Leben, der äußert die Schahada. Wer diesen Glaubenssatz nicht unterschreiben kann, ist ein Kafir, also ein Ungläubiger, in dem Sinne, dass er an die Kalima eben nicht glauben kann. Das heißt nicht, dass er ein Kafir (Ungläubiger) ist in Bezug auf den Glauben an den Einen Gott. Er kann also ein Gottgläubiger sein, ohne dem Islam anzugehören, und wäre dann Kafir nur in Bezug auf die spezifische Form des Gott-Glaubens, wie er in der Religion Islam seinen Ausdruck gefunden hat.

Mit der Bezeichnung Kafir wird also einem Menschen nicht der Glaube an Gott allgemein abgesprochen. Er bringt nur zum Ausdruck, dass ein Mensch nicht daran glaubt, dass Mohammed ein Prophet Gottes ist. Im Unterschied zum Momin und Kafir gibt es noch den Muschriq, denjenigen, der Götzen anbetet bzw. den Polytheisten. Gewiss aber ist ein Muschriq auch ein Kafir.

Hinzu kommt, dass innerhalb des Islam immer wieder Streitigkeiten um den rechten Weg aufgetreten sind, in deren Folge oft genug die eine Gruppe aus der Umma (das heißt der Gesamtheit aller sich zum Islam Bekennenden) eine andere Gruppe bezichtigte, nicht zu den »wahren« Gläubigen, sondern vielmehr zu den »Kafir« zu gehören. Im Koran findet man dazu einen Vers, der vor derlei Verdächtigungen warnt, wenn es heißt: *»O die ihr glaubt, wenn ihr auszieht auf Allahs Weg, so stellt erst gehörig Nachforschung an und sagt nicht zu jedem, der euch den Friedensgruß bietet: ›Du bist kein Gläubiger‹. Ihr trachtet nach den Gütern des irdischen Lebens, doch bei Allah ist des Guten Fülle.«* (Sure 4 Vers 95).

Angesichts der ideologischen und gewalttätigen Kämpfe, die zwischen islamischen Gruppen bis heute immer wieder geführt werden, ist es wichtig zu wissen, dass der Koran in einem ausführlichen Verhaltenskodex vorgibt, jede Chance zum Frieden zu nutzen. Im Koran heißt es zwar ohne Wenn und Aber, dass man zunächst Härte und Stärke demonstrieren müsse. Andererseits gebietet die islamische Ethik jedoch, sofort auf jedes Waffenstillstands- bzw. Friedensangebot einzugehen. Selbst wenn man darin eine Hinterlist vermutet, muss man sich danach verhalten. Glaubt die muslimische Seite jedoch, dass sie hintergangen werde, wenn sie daran festhielte, steht es ihr frei, den Vertrag im Rahmen von Verhandlungen mit der Gegenseite zu kündigen. Ein einseitiger und unangekündigter Bruch ist nicht rechtens. In den Worten des Koran lauten diese Anweisungen:

»Und wenn du von einem Volke Verräterei fürchtest, so verwirf (den Vertrag) gegenseitig. Wahrlich,
Allah liebt nicht die Verräter. Laß nicht die Ungläubigen wähnen, sie hätten (Uns) übertroffen.
Wahrlich, sie können nicht obsiegen. Und rüstet
wider sie, was ihr nur vermögt an Streitkräften und
berittenen Grenzwachen, damit in Schrecken zu
setzen Allahs Feind und euren Feind und außer ihnen andere, die ihr nicht kennt; Allah kennt sie.
Und was ihr auch aufwendet für Allahs Sache, es
wird euch voll zurückgezahlt werden, und es soll
euch kein Unrecht geschehen. Sind sie jedoch zum
Frieden geneigt, so sei auch du ihm geneigt und
vertraue auf Allah. Wahrlich, Er ist der Allhörende, der Allwissende. Wenn sie dich aber hintergehen wollen, so ist Allah fürwahr deine Genüge. Er
hat dich gestärkt mit Seiner Hilfe und mit den
Gläubigen. Und Er hat Liebe in ihre Herzen gelegt. Hättest du auch alles aufgewandt, was auf Erden ist, du hättest doch nicht Liebe in ihre Herzen
zu legen vermocht, Allah aber hat Liebe in sie gelegt. Wahrlich, Er ist allmächtig, allweise. O Prophet, Allah ist deine Genüge und derer unter den
Gläubigen, die dir folgen.« (Sure 8 Verse 59 bis 65).

## Die Bedeutung des Krieges im Islam im Vergleich mit anderen Weltreligionen

Die Frage, warum im Koran so eingehend vom Krieg
die Rede ist, verkennt, dass es im höchstem Maße un-
realistisch wäre, ein so einschneidendes Ereignis unbe-
rücksichtigt zu lassen. Allen frommen Wünschen und
Hoffnungen zum Trotz hat die Menschheit immer wie-

der versucht, Konflikte durch Kriege auszutragen. Der Koran ist längst nicht das einzige heilige Buch, in dem von Krieg die Rede ist. Das Alte Testament weist eine Fülle von Beschreibungen auf, was das Volk Israel tun sollte, um sich gegen »Götzenanbeter« zur Wehr zu setzen. Selbst das Neue Testament kennt einen Hinweis darauf, dass ein gerechter Krieg in der Nachfolge Jesu möglich ist (Lukas 22 Vers 36) und auch in der Bhagavadgita wird diese Problematik nicht ausgespart.

Dass dem Islam oft angelastet wird, besonders gewalttätig zu sein oder Gewalt gar zu einer seiner Grundlagen gemacht zu haben, ist eher psychologisch, denn historisch oder theologisch zu erklären. Ebenso wie der Islam kennen auch andere Weltreligionen, das Christentum und das Judentum, der Hinduismus und der Buddhismus, die Erlaubnis der Gewaltanwendung, um gerechte Ziele durchzusetzen. Im Namen von Religionen und im Namen anderer Weltanschauungen wurden immer wieder auch Kriege geführt, die letztlich die ethischen Grundlagen, für die sie einstanden, ad absurdum führten und missbrauchten. Dies ist eine bereits ausreichend dokumentierte und bewiesene Tatsache. Dennoch wird gerade der Islam hartnäckig von vielen mit der Formel »Feuer und Schwert« belegt bzw. mit dem viel beschworenen »heiligen Krieg« identifiziert. Das hat wohl auch mit den harten Auseinandersetzungen zu tun, zu denen es zwischen dem christlichen und dem islamischen Einflussbereich von Beginn der Verkündung des Koran an immer wieder gekommen ist – Kämpfe, die sowohl ideologisch-theologischer als auch militärischer Natur waren. Es kann nun nicht darum gehen, das Ausmaß historischer Gewaltakte gegeneinander aufzuwiegen, die im Lauf der Jahrhunderte oft unter dem Deckmantel von Religionen verübt wurden. Dass die Eroberungsfeldzüge der abendländisch-christlichen

Herrscher jenen, die unter muslimischer Führung unternommen wurden, in ihren Dimensionen an Unmenschlichkeit sicher nicht nachstanden, muss nicht näher erläutert werden.

Wie kaum einer anderen Religion haftet dem Islam der Ruch der fanatischen Glaubenseiferer an, die im Namen Allahs in den Djihad ziehen und die gesamte Welt gewaltsam ihrem Glauben unterwerfen wollen. Dass Historiker und Orientexperten, ob sie nun offen gegen den Islam fochten oder mit ihm sympathisierten, keinen Anhaltspunkt in islamischer Lehre und Praxis aufzeigen konnten, demzufolge der Islam mit Gewalt missioniert und andere unter Androhung des Todes zur Annahme der Lehre Mohammeds gezwungen hätte, hat daran leider wenig geändert. Von den Bischöfen und Päpsten der Kreuzzüge bis hin zu Martin Luther: Vertreter des Christentums, die sich durch den Islam zutiefst herausgefordert sahen, scheuten keinerlei Mühe, um ihn und seine Begründer immer wieder zu diskreditieren.

Der Islam wurde und wird noch heute vom Westen als eine Bedrohung angesehen. Die ihm eigenen Riten und Gebote erscheinen gegenüber der westlichen Lebensart fremd, rückschrittlich und nicht besonders erstrebenswert: sei es das fünfmalige tägliche Gebet, der Ruf des Muezzin, das strikte Fasten im Ramadan oder die Ablehnung von Schweinefleisch sowie Alkohol. Schon allein deswegen ruft er Ressentiments hervor, schon allein deswegen reagieren viele, vom Intellektuellen bis hin zum einfachen Arbeiter, schnell aggressiv auf Muslime, die ihren Glauben praktizieren. Gläubige Muslime wirken mitunter wie ein Fremdkörper in der westlichen Kultur.

Unter solchen Vorzeichen wird oft wenig Wert darauf gelegt, sich mit den Wurzeln und der Geschichte dieser Weltreligion zu beschäftigen. Stattdessen werden immer wieder dieselben Klischees reproduziert, die zugleich das heimliche Gefühl der Überlegenheit der eigenen Lebensart stärken. Dass Europa und Amerika dem Islam und der muslimischen Kultur, von der Wissenschaft bis zu den Schönen Künsten, viel verdanken, geht dabei oft unter.

## Das Gerücht vom »heiligen Krieg« des Islam

Dass weder im Koran noch in den Hadith jemals von einem »heiligen Krieg« die Rede ist, dass dem Islam die Zusammensetzung von »heilig« mit »Krieg« fremd ist, mag einen schon fast verwundern, ob der Selbstverständlichkeit, mit der dieser Ausdruck vielerorts verwendet wird.

Zum ersten Mal findet man diesen Ausdruck in der Bibel erwähnt. Im Buch Joel des Alten Testaments, das etwa im 4. oder 5. Jahrhundert v. Chr. entstanden ist, heißt es (4:9 und 10):

>*»Ruft den Völkern zu: Ruft den Heiligen Krieg aus! Bietet eure Kämpfer auf! Alle Krieger sollen anrücken und heraufziehen. Schmiedet Schwerter aus euren Pflugscharen und Lanzen aus euren Winzermessern! Der Schwache soll sagen: ›Ich bin ein Kämpfer‹.«*

Dem Islam jedenfalls kann man den Terminus »heiliger Krieg« nicht zuschreiben. Als religiöse Pflicht ist nach dem Koran nur vom Djihad die Rede, und zwar in der Bedeutung Anstrengung bzw. sich bemühen. Zudem beinhaltet er noch weitere Aspekte, von denen ausführlich zu reden sein wird. Indes wird vom »heiligen Krieg« auch im Zusammenhang mit den Kreuzzügen berichtet, als Christen mit dem Ruf »Gott will es!« auszogen, um Jerusalem und das »Heilige Land« von den Ungläubigen, sprich den Muslimen, zu befreien. Heutzutage wird aber vor allem von den Medien »heiliger Krieg« als gängige Übersetzung von »Djihad« angegeben. Will man sich ernsthaft mit dem Koran auseinander setzen, darf man derart bedeutungsschwere terminologische Verzerrungen nicht einfach hinnehmen. Den Begriff »Djihad« an sich gleichzusetzen mit Krieg, geschweige denn einem »heiligen Krieg« oder gar terroristischen Unternehmungen, entbehrt jeder Grundlage.

## Die Angst vor islamistischem Terror

Terrorismus ist kein spezifisch islamisches Phänomen. Ob Attentate oder Amokläufer, ob Stadtguerilla oder revolutionärer Kampf, derartiges fand und findet man in fast allen Kulturen. Selbst der Fanatismus von Selbstmordattentätern ist keine Eigenheit muslimischen Denkens und Handelns, man betrachte nur die Kamikaze-Kämpfer Japans. Die Aufmerksamkeit, die der Islam erfährt, wenn es um gewaltsame Konflikte geht, ist wohl eine Mischung aus verschiedenen Komponenten: die Angst davor, eigene Lebensformen angegriffen zu sehen, oder das Unvermögen, die fremde muslimische Welt mit den bislang erprobten und wirksamen Mitteln politischer oder kulturell-religiöser Art unter Kontrolle halten zu können. Auch die teils unbewusste, teils offen ausgesprochene Furcht, mit dem im Westen vorherrschenden »way of life« vielleicht doch nicht hundertprozentig richtig zu liegen, spielt hier eine Rolle. Hinzu kommt blankes Unverständnis. Der Islam scheint vielen in ein Geheimnis gehüllt, das von außen nicht zu enträtseln ist. Das weit verbreitete Unwissen über die Inhalte, Riten und Gebräuche des muslimischen Glaubens schafft weiteren Raum für latente Aggressivität. Die im Westen häufig anzutreffenden Berührungsängste halten viele Menschen davon ab, einen Zugang zu der oftmals so missverstandenen und unbekannten Religion zu suchen. Auch der Mangel an geeigneten Gesprächspartnern, mit denen ein Austausch oder ein verbindender Dialog möglich wäre, erschwert die Annäherung.

Noch komplizierter wird die Lage dadurch, dass der Islam keinen allgemein anerkannten Repräsentanten hat, wie das Christentum den Papst oder der Buddhismus den Dalai Lama. Was den islamischen Kulturraum angeht, so haben Politiker und Medien des Westens immer wieder bestimmten Führergestalten der islamischen Welt als negativen Gallionsfiguren besondere Aufmerksamkeit gezollt. Gaddafi oder Saddam Hussein galten speziell auch den Medien als personifizierte Feindbilder.

Der neue islamische Antiheld zu Beginn des 21. Jahrhunderts heißt Osama bin Laden. Was immer er auch mit den terroristischen Aktionen, die am 11. September 2001 die USA erschütterten, zu tun hatte, er wurde schon vorher mit allen nur erdenklichen Katastrophen in Verbindung gebracht. Die Medien erhoben bin Laden zu einem negativ besetzten Mythos, ihm sei alles zuzutrauen, sogar – wie in manchen Zeitungen zu lesen war – die BSE-Krise in Großbritannien. Durch seinen Reichtum und seinen extrem aggressiv propagierten Hass auf den Westen, vor allem aber durch den Umstand, dass er sich sozusagen unsichtbar machen konnte, verkörpert Osama bin Laden das Bild des allgewaltigen, teuflischen Antihelden, den es zu vernichten gilt. Auch in der muslimischen Welt ist Osama bin Laden längst ein lebender Mythos. Seine Anhänger, die meist aus den ungebildeten, analphabetischen und arbeitslosen Massen stammen, huldigen dem selbst ernannten »heiligen Krieger« mit Plakaten, die Ikonen-Charakter haben, T-Shirts, die sein Konterfei zeigen, und Videos, auf denen sich bin Laden selbst als Erlöserfigur der Unterdrückten inszeniert.

Die Terrorakte vom 11. September 2001 haben den Islam erneut unter einen Generalverdacht gerückt. Für viele Menschen im Westen heißt das neue Feindbild fatalerweise »Islam«. Differenzierte Betrachtungsweisen drohen unter dem Eindruck der Terrorwelle in den Hintergrund zu treten. Nur nach und nach findet man zu einer differenzierten Auseinandersetzung zurück. Doch allein die sachliche Beschäftigung mit dem Islam, die aufzeigt, dass die Lehren und Quellen dieser Weltreligion Terrorakte in keiner Weise als gerechtfertigt ansehen, kann uns vor einer Verhärtung dieses neuen Feindbildes bewahren. In der Überlieferung, die das Leben von Mohammed schildert, dem Propheten, der jedem Gläubigen als erstes Vorbild gelten soll, findet man keine einzige Textpassage, die als exegetische Begründung für blutigen Terror herhalten könnte. Die Kenntnis dessen, was der Koran über Kriegsführung sagt, kann keinen Zweifel daran aufkommen lassen, dass Islam und Terrorismus einander ausschließen.

# Die Wurzeln des islamistischen Terrorismus

Durch die Ereignisse am 11. September 2001 rückte der islamistische Terrorismus in den Fokus der Weltöffentlichkeit. Doch Terrorismus ist kein Islam-spezifisches Phänomen. Er findet sich in allen Kulturkreisen, Weltanschauungen und Religionen. Dass insbesondere jenen terroristischen Aktivitäten, deren Urheber sich mehr oder weniger dem Islam zuordnen, eine so überaus große Bedeutung zugemessen wird, hat etwas mit dem Anspruch und dem Selbstverständnis des Islam zu tun. Vor allem aber hängt es damit zusammen, dass diese Religion von den meisten Angehörigen anderer Denk- und Glaubenssysteme als große Herausforderung empfunden wird.

## Der Islam – eine historische Herausforderung

Der Koran formuliert den Anspruch, dass diejenige islamische Gemeinde, welche die Forderungen des Islam nach einem moralisch und spirituell herausragenden Leben erfüllt, als etwas ganz Besonderes unter allen Menschen betrachtet werden muss. Es heißt dazu im Koran: »*Ihr seid das beste Volk, hervorgebracht zum Wohl der Menschheit; ihr gebietet das Gute und verwehrt das Böse und glaubt an Allah.*« (Sure 3 Vers 111).

Sicherlich, ähnliche Behauptungen finden sich auch in anderen Heiligen Schriften der Menschheit. Erwähnt sei nur, dass das Volk Israel beansprucht, das auserwählte Volk des einen Gottes Jahwe zu sein. Anders als bei den Muslimen, deren Zugehörigkeit nicht durch ethnische oder rassische Abstammung definiert ist, geht es im Fall des Judentums auch um ein auf das eigene Volk bezogene Werturteil. In der jüdischen Theologie findet keine Auseinandersetzung mit anderen Völkern oder Menschheitsgruppen statt, die von dem gleichen Gottesbild geprägt sind: nämlich einem einzigen, barmherzigen und allmächtigen Gott. Die geistigen sowie religiösen Konflikte und Kämpfe des Volkes Israel im Lauf der Geschichte betrafen benachbarte Stämme und Völker, die andere Götter als sie anriefen.

Mit dem Islam trat im siebten Jahrhundert westlicher Zeitrechnung eine Religion auf, die sich auf dieselben Wurzeln wie das Judentum und das Christentum beruft. Sie bezog sich in ihrer Theologie auf Verse der jüdischen Thora und andere Teile des so genannten Alten Testaments wie auch auf das Evangelium. Mit diesen Texten begründete sie das Erscheinen ihres Propheten als Erfüllung biblischer Voraussagen. Eine zentrale Textstelle ist Moses 5,18. Der Islam bezieht die berühmte Prophezeiung dieser Textstelle auf den Propheten Mohammed. Nach Meinung der Ulema (islamische Gelehrte) war mit der Aussage, Gott würde »aus den Brüdern von Moses« einen erwecken, der »wie Moses« sein würde, nicht Jesus gemeint, sondern Mohammed.

Zwar war Jesus der direkte Nachfahre von Moses, doch da er kein gesetzgebender Prophet war, entsprach er aus islamischer Sicht nicht der Prophezeiung. Mohammed dagegen war ein gesetzgebender Prophet, denn er brachte das Gesetz des Koran. Somit war er »wie Moses«, der ja das Gesetz der Thora brachte. Jesus aber war in diesem Sinne nicht wie Moses, weil er kein Gesetz brachte, sondern sagte, dass er nicht gekommen sei, um das Gesetz aufzulösen, sondern um es zu erfüllen (Matthäus 5,17).

Der Islam ist somit eine Religion, die sich als Weiterführung und Vervollkommnung jüdischer und christlicher Bücher und Glaubensaussagen versteht. Das macht ihn zum direkten Widerpart dieser beiden Religionen. Islam, Christentum und Judentum sehen in dem Propheten Abraham (der im Islam Ibrahim heißt) gleichermaßen eine Art Urvater ihres Glaubens. Aber hinsichtlich ihres Gottesbildes, also der Aussage, welche Eigenschaften Gott hat und wie er sich den Gläubigen mitteilt, welche Forderungen und Versprechen er aufstellt, gibt es erhebliche Unterschiede. Der Islam als die jüngste dieser drei monotheistischen Weltreligionen vertritt die Auffassung, dass die vor Herabsendung des Koran offenbarten Bücher Gottes – also zum Beispiel Thora, Psalmen und Evangelium – damit aufgehoben seien. Einigen islamischen Rechtsgelehrten zufolge gilt das Gleiche aber auch für die Bhagavadgita (also das hinduistische Buch von Krischna) oder das Tao te king (die Schrift von Laotse). Damit stellt der Islam die Berechtigung von Judentum, Christentum und anderen Religionen massiv in Frage. Dies ist sicher auch einer der Gründe, aus der jene fanatischen Gewaltakte gegen Moslems herrühren, wie wir sie von früheren Kreuzrittern oder heutigen militanten jüdischen Siedlern kennen. Dass es für religiös motivierte Gewalttaten jedoch keine derartig tiefgreifende historische Begründung braucht, zeigen zum Beispiel die Pogrome gegenüber Juden im Dritten Reich.

## Die Fokussierung auf den islamistischen Terrorismus

In all diesen Fällen religiös motivierter Gewalt haben wir es mit einem bis zum Größenwahn übersteigerten Selbstbewusstsein zu tun, in dem sich zwei Komponenten mischen: Zum einen betrachten sich die Täter als Auserwählte, zum anderen als Vollstrecker des göttlichen Willens. In diesem Punkt unterscheiden sich »islamische« Terroristen nicht von »jüdischen« oder »christlichen« Terroristen. Dass indes vor allem der Islam wegen derartiger Wahnsinnstaten angegriffen wird, während andere Konflikte, die durch Anhänger des Judentums oder Christentums von den Golanhöhen bis nach Nordirland hervorgerufen werden, weniger in Augenschein genommen werden, hat wahrscheinlich auch etwas mit der Größenordnung der durch »islamische« Terroristen verübten Anschläge zu tun: die spektakulären Attentate von Palästinensern bei den Olympischen Spielen in München 1972 oder in Mogadischu 1977, die eine neue Dimension des Terrors einleitenden Selbstmordattentate im Israel dieser Tage oder die Schreckensereignisse von Washington und New York im September 2001. Jene Anschläge haben das öffentliche Bewusstsein stärker erschüttert als die seit Jahrzehnten immer wieder aufflackernden terroristischen Unruhen in Nordirland. Das Massaker von Hebron, bei dem ein jüdischer Siedler am 25. Februar 1994 dutzende von betenden Muslimen niederschoss, wurde ebenso wie der Mord am israelischen Premierminister Rabin 1995 eher als Ausnahmeerscheinung, denn als eine neue Qualität in einer Attentatsreihe angesehen.

Trotzdem erscheint es unlogisch, dass wir hierzulande terroristische Auswüchse, wie sie durch extrem fanatische Hindus in Indien in den vergangenen Jahrzehnten verantwortet werden, kaum wahrnehmen. Das mag daran liegen, dass in diesen Fällen Menschen betroffen sind, mit denen sich Europäer und Amerikaner nicht so leicht identifizieren können. Hinzu kommt der nationale Charakter dieser Anschläge. Solange terroristische Anschläge innerhalb nationalstaatlicher Grenzen bleiben, nehmen wir das als eine Art Rechtfertigung dafür, uns nicht damit auseinander setzen zu müssen – von Verfechtern der Menschenrechte einmal abgesehen. Das erklärt auch, weshalb die seit Jahrzehnten in Pakistan immer wieder aufgeflammten Pogrome und terroristischen Anschläge von Muslimen gegen Muslime hierzulande kaum Aufregung oder Solidarität auslösten. Hunderte von Opfern eines mörderischen Terrorismus sind in Pakistan jährlich zu betrauern, aber in unseren Breitengraden nimmt kaum jemand davon Notiz.

Ein Beispiel: Rund 23.000 Angehörige der islamischen Reformgemeinde Ahmadiyya-Muslim-Jamaat haben in der Bundesrepublik Asyl gesucht, weil diese Gemeinde in Pakistan sogar mit Hilfe staatlicher Gesetze und Instanzen zur Zielscheibe des Terrors gemacht wurde. Dutzende von Morden, Brandschatzungen und das von den Behörden geduldete Niederreißen von Moscheen blieben unbemerkt. Weder in den Medien noch in der Bevölkerung hat dieser Fall tiefere Anteilnahme, entsprechende Berichterstattung oder Diskussionen verursacht. Kurzum, solange der Terrorismus nicht Europa oder die Vereinigten Staaten betrifft, hält sich unsere Reaktion in Grenzen.

Indes hat die Empörung, die durch die Reihe terroristischer Anschläge von sich muslimisch nennenden Tätern trauriger- wie notwendigerweise hervorgerufen wurde, auch einen gewissen Bewusstseinswandel in der Öffentlichkeit gezeitigt. Jetzt ist man genötigt wahrzunehmen, welches Ausmaß all diese religiös verbrämten Terrorakte weltweit haben und beginnt zudem zunehmend zu verstehen, dass der Islam oder ein religiöser Wahn nicht der alleinige Motor für diese Geschehnisse sein kann. Was den islamischen Kulturkreis betrifft, kristallisieren sich drei verschiedene Motivationsstränge für terroristische Umtriebe heraus.

## Religiös motivierter Terrorismus

Hier einzuordnen sind Täter, wie man sie von bin Ladens Organisation Al-Qaida kennt. Sie steigern sich in einen fast psychotisch zu nennenden Zustand hinein und betrachten sich als Auserwählte, die es auf sich nehmen, den von ihnen wahnhaft als solchen erspürten »Willen Gottes« ungeachtet privater Bedürfnisse zu vollziehen. Sie sehen sich als Märtyrer, also Heilige, in geradezu höchster Vollendung. In ihren Augen sind sie wie ein Messias dazu auserkoren, den Zorn Gottes über die sündige Welt, den »Großen Satan«, die »Hure Babylon«, zu bringen. Ausgeprägte Züge von Größenwahn prägen ihr Denken. Sie empfinden eine unkontrollierbare Wut und gleichzeitig auch das Gefühl von äußerster Ohnmacht gegenüber der Schlechtigkeit der Menschen. Zielscheibe ihres Hasses sind jene, die nach ihrer Meinung weder den Glauben noch die Utopien und Sehnsüchte ihrer weltlichen wie religiösen Vorstellungen teilen und stattdessen nur Schmutz über die frommen Muslime (im Koran »*die nach Reinheit streben*« genannt, Sure 23 Vers 5) schütten wollen. Angewidert von einer Welt, die angeblich das Heilige ablehnt und das Böse bevorzugt, steigern sich die religiös motivierten Attentäter in den Wahn hinein, eine Schicksalsrolle übernehmen zu müssen. Durch ihr eigenes Opfer wenden sie ihr Äußerstes auf, um vielleicht doch noch eine Wende im Weltenlauf zu initiieren. Das Mittel ihrer Wahl besteht darin, Verderben über die sündige Menschheit zu bringen. In ihrer Betrachtungsweise haben sie selbst Schuld auf sich geladen, da sie es nicht geschafft haben, die Errichtung einer ihren Vorstellungen entsprechenden islamischen Herrschaft zu ermöglichen. Mit dem Fanal, dem gequälten Aufschrei der Verzweiflung, wollen sie ein unübersehbares Zeichen setzen und auch ihre persönliche Hoffnung auf Erlösung kundtun: Ihr Opfer soll sie von Schuld befreien.

Andererseits zählen zu diesem Typus von Terroristen auch Menschen, die aus eisigem Kalkül handeln – verführt durch das Versprechen, dass ihre Tat ein wichtiger Meilenstein auf dem Wege zur Etablierung islamischer Herrschaft sei. Sie gehen davon aus, dass Opfer gebracht werden müssen, um dem Islam zum Sieg zu verhelfen. Und sie sind dazu bereit, diese zu erbringen. Sie sehen sich als kleine, aber wesentliche Teile eines großen Ganzen. Das wird allerdings umso diffuser, je mehr sie ahnen, dass die Aufgabe, die sie erfüllen wollen, komplexer, komplizierter, größer und umfassender ist, als sie zu begreifen vermögen. Um an der in Momenten des Zweifelns aufblitzenden Einsicht in die Aussichtslosigkeit ihrer Aktionen nicht zugrunde zu gehen, wählen sie die bedingungslose Bereitschaft, für ihre Ideen zu sterben. Unterschwellig ahnen sie vielleicht, wie sinnlos die von verbohrten, engstirnigen islamistischen Mullahs ausgedachten Ideen und Pläne sind. Doch diesen Zweifeln begegnen sie, indem sie sich der fixen Idee total verschreiben, die schon die Kreuzritter des Christentums zu ihren verbrecherischen Taten verleitete: der Idee des »Gott will es« (dies war der Ruf, mit dem fanatische Kirchenmänner die »Befreiung« Jerusalems von den »Heiden« – also den Muslimen – legitimierten).

Religiös-fanatische Terroristen befinden sich, entweder getrieben durch die verschwörerischen Hetzreden von islamistischen Mullahs oder verführt von der Aussicht auf ewige Belohnung durch den Allmächtigen, in einem extremen Zustand selektiver Wahrnehmung. Letztlich also in einem Wahngebilde. Innerlich leben sie in einer Welt, die psychotischer Natur ist, während sie nach außen hin zu Maschinen werden. Das kann man auf gewisse Weise mit schizophrenen Krankheitsformen vergleichen. Doch dieser Typ des Terroristen verliert sich nicht in illusionären Tagträumen, sondern ist bemüht, präzise und roboterhaft den ihm aufgetragenen Plan in die Tat umzusetzen. Sein Wissen um die Lehren des Islam ist indes nur Halbwissen. Diese Vermutung liegt nahe, untersucht man beispielsweise die persönlichen Dokumente und das bereits erwähnte Testament von Mohammed Atta, jenes Terroristen, der am 11. September 2001 eines der Flugzeuge in das World Trade Center steuerte. Außerislamische und abergläubische Vorstellungen sind mit Kenntnissen um Riten, deren eigentlicher Inhalt kaum verstanden wird, vermischt. Koran-Verse werden aus dem Zusammenhang gerissen oder beliebig zitiert, ohne dass ihre wahre Bedeutung begriffen wurde. Es scheint, als bekämen jene, die sich als Terroristen ausbilden lassen, nur auszugsweise und stark verzerrt ein wenig von dem mitgeteilt – oder besser gesagt eingetrichtert –, was die Bedeutung des Islam ausmacht.

## Nationalistisch-kulturell motivierter Terrorismus

Ein zweiter Typus von Terroristen, für den die palästinensische Organisation der HAMAS stehen mag, bezieht seine Motivation weniger aus religiösen Vorstellungen, denn aus Denk- und Vorstellungssystemen, die als nationalistisch bezeichnet werden können und zudem von kulturellen Eigenheiten geprägt sind. Dass bei ihnen die Religion – wenn überhaupt – nur eine sekundäre Rolle spielt, lässt sich anhand des Führers der marxistisch-orientierten PFLP (Volksfront zur Befreiung Palästinas) deutlich machen. George Habbasch, der als Kopf zahlreicher Terrorakte (unter seiner Verantwortung begann 1968 eine Reihe von spektakulären Flugzeugentführungen) unrühmlich Geschichte schrieb, ist Palästinenser. Wie die meisten seiner Anhänger gehört er von seiner Abstammung her der syrisch-orthodoxen Richtung an, also gewissermaßen dem christlichen Glauben. Obwohl er definitiv kein Muslim ist, wird er im Bewusstsein der breiten Massen dennoch dem islamischen Umfeld zugerechnet.

Nationalistisch gesonnene Terroristen sehen sich zu Gewaltaktionen gedrängt, weil ihr Gerechtigkeitssinn verletzt ist. Ihnen fehlt die Geduld und der Glaube an einen möglichen Erfolg durch politisch-diplomatische Vorgehensweisen. Sie hassen die Besetzer ihres Landes, weil diese ihrer Heimat die Unabhängigkeit genommen haben. Mit dem Verlust der Unabhängigkeit haben auch die Terroristen die Möglichkeit eingebüßt, auf militärischer Ebene oder Verwaltungsebene ihre eigenen Fähigkeiten in den Dienst ihres Volkes zu stellen. Die Geschichte des Kolonialismus begreifen sie als Warnung, denn er raubte ihnen wie ihren Landsleuten den Stolz auf eigenständig Erreichtes. Nunmehr setzen sie darauf, den Verlauf der Geschichte selbst zu korrigieren. Ihre Aktionen sind dabei sowohl von Verzweiflung als auch von einem äußersten Wagemut geprägt. Hier paaren sich unausgewogene Emotionen: ein Patriotismus, der mehr von Schwärmerei, denn von Weisheit oder Klugheit genährt wird; bittere Erfahrungen, durch die sie begreifen müssen, dass ihresgleichen von den Kolonialmächten nicht erwünscht ist; und der maßlose Stolz auf die einmalige Eigenheit ihres Volkes. Verletzter Stolz und die Erfahrung, dass sie wie ihr ganzes Volk – ob tatsächlich oder vermeintlich – ständiger Demütigung ausgesetzt sind, brechen sich Bahn in tollkühnen Überlegungen.

Das Ziel besteht darin, Bedingungen zu schaffen, die Eigenverantwortung und Selbstbestimmung ermöglichen und die Wahrung der »nationalen Identität« gewährleisten. Sitten und Gebräuche ihres Volkes, ein Sinn für Heimat und die Geschichte ihres Landes wie die ihrer Familien bestimmen das Ideal dieser Terroristen. Sie sehen sich mehr oder weniger als Retter ihres Volkes. In ihnen lebt der Mythos einer siegreichen und nicht aufgebenden Jeanne d'Arc. Oft zehren sie auch vom Mythos der Partisanen, die einen scheinbar aussichtslosen Kampf gegen Diktatoren und Unterdrücker führten. Im Kreise ihrer Mitstreiter erlangen sie durch Männerfreundschaften und die Erprobung ihrer Zähigkeit, ihres Durchsetzungsvermögens und ihrer Ausdauer Befriedigung und Ansehen.

Die Religion des Islam ist ihnen oft nur Deckmantel, bisweilen auch heimliche Zuflucht und Projektionsfläche. Durch diese religiöse Anleihe lässt sich ihr Tun – auch wenn es im Ruch des Verbrecherischen, Inhumanen und Gesetzlosen steht – vor dem Allerhöchsten rechtfertigen. Die Maßlosigkeit, die stets ein Kennzeichen von Terrorismus ist, legitimieren sie mit dem Hinweis darauf, dass in der Not eben der Zweck das Mittel heiligt. Zur Beruhigung ihres Gewissens berufen sie sich auf Verse aus dem Koran, ohne allerdings zu hinterfragen, ob sie bzw. ihre Lehrer und Anführer diese richtig interpretiert haben. Hinzu kommt durchaus auch ein Schwanken zwischen Faszination für und Abscheu vor bestimmten Eigenarten und Vorstellungen, die ihren Feind auszeichnen – mag dieser konkret vor

Ort sichtbar und angreifbar sein oder als ideologischer Drahtzieher von einem fernen Land aus Macht ausüben. Oft mischt sich die Abscheu vor einer als Pervertierung des menschlichen Daseinszwecks empfundenen Lebensform – wie sie etwa die Playboy-Kultur symbolisiert – mit einem Gefühl der geistigen Überlegenheit. Der Hochmut und die Arroganz, die sie ihren Feinden vorwerfen, sind meist erst recht bei den Terroristen selbst zu finden. Da sie auf der anderen Seite nicht umhin können, die technische und materielle Überlegenheit der Besetzer anzuerkennen, spielen darüber hinaus Minderwertigkeitskomplexe eine wichtige Rolle. Prinzipien gelten ihnen nur dann als einhaltenswert, wenn sie ihren Zwecken dienlich sind. Die moralischen Forderungen des Islam werden von diesen Terroristen leicht über den Haufen geworfen, wenn sie sie denn überhaupt zur Kenntnis nehmen. Politik, denken sie wohl, ist nun einmal ein schmutziges Geschäft. Und ein Terrorist brauche es mit der Moral oder auch der Religion an sich nicht allzu ernst zu nehmen, da es ja um Höheres gehe. Letztlich ist der gesamte Ansatz – wie zu erwarten – in sich nicht kongruent und ein einziger großer Selbstbetrug.

## Revolutionär-politisch motivierter Terrorismus

Eng verwandt mit den nationalistisch-kulturell geprägten Terroristen sind die revolutionär und rein politisch ausgerichteten Terroristen, wie die aus verschiedenen Guerilla-Organisationen Palästinas entstandene Terrorgruppe »Schwarzer September«, die zwischen 1971 und 1973 eine Vielzahl spektakulärer Anschläge durchführte. Sie verstehen unter Politik indes nur die bewaffnete Auseinandersetzung. Von der Gesinnung her dem kommunistisch-sozialistisch geprägten Spektrum eng zugetan, ist ihre Perspektive eine globale. Sie verfolgen das Ideal einer internationalen Solidarität, sind deutlich gebildeter als ihre anders motivierten Mitstreiter, kennen die Klassiker und Theoretiker des revolutionären Kampfes wie etwa Frantz Fanon und sein »Les damnés de la terre« – von Mao Tse-tung ganz zu schweigen – und die Grundlagen des Guerilla-Krieges. Ihnen geht es also um eine Revolution unter marxistischen Vorzeichen. Der eigentliche terroristische Akt stellt in ihren Augen die letzte Hoffnung in einer an sich hoffnungslosen Situation dar.

Die Argumente der Religion nutzen sie geschickt und pragmatisch, um die Massen zu mobilisieren. Die Terroristen wissen, dass sich ein ideologischer Überbau im kollektiven Bewusstsein des Volkes aus Heilserwartungen überirdischer Natur speist. Deswegen bedienen sie sich deren Zündkraft. Nach außen hin oftmals geduldig, verzehren sie sich innerlich auf der Suche nach sichtbaren, raschen Erfolgen. In der terroristischen Tat meinen sie diese schnell zu finden. Sie träumen vom Ruhm, der ihnen innerhalb der Geschichte ihres Volkes gewiss scheint. Notgedrungen oder aus Einsicht in das realistischerweise Machbare wandeln sie sich bisweilen zu Pragmatikern. Sie treten als staatsmännische und gewandte Politiker auf und wissen das diplomatische Parkett geschickt zu nutzen. Wie alle Terroristen hängen sie einem Schwarz-Weiß-Denken an und scheuen sich nicht, Menschenrechte willkürlich zu missachten oder aber als Verheißung humanen Zivillebens auf ein Podest zu heben. Maximen wie »Wer nicht mein Freund ist, ist mein Feind« klingen apodiktisch, lassen aber erkennen, dass für sie vor allem das Ziel der Weg ist. Dabei scheuen sie sich auch nicht, wenn es – je nach politischer Lage – ihren eigenen Interessen dient, Nutzallianzen zu schließen, die schnell eingegangen und ebenso schnell wieder gelöst werden.

Je stärker sie von ihrer Utopie eingenommen sind, desto kaltblütiger mögen sie handeln. Durch spektakuläre Aktionen versuchen Sie, sich und ihrem Land kurzfristig Vorteile zu verschaffen – mag die Weltöffentlichkeit oder die internationale Politik dererlei terroristische oder dem Terrorismus nahe stehende Gewaltakte auch geißeln. Ihr Denken ist nicht nur von den positiven Aussichten, die ihnen ihre Ideologie anpreist, sondern auch von all dem bestimmt, was ihre Feinde groß gemacht hat: Kolonialismus, Imperialismus und Kapitalismus. So sehen sie sich auf der Seite von Entrechteten und Ausgebeuteten, von Unterdrückten und Versklavten. Dass das Gefüge der Welt inzwischen differenzierter zu betrachten ist, dass es neben den von ihnen als verurteilenswert angeführten Schattenseiten politischer und ökonomischer Systeme auch Positives in diesen zu entdecken gibt, verdrängen sie. Private und egoistische Interessen stehen oft im Vordergrund des terroristischen Denkens und Handelns. Und Terror auszuüben hilft dabei, tiefere Reflexionen, die womöglich zu einer Abkehr von der eingenommenen Position führen könnten, zu meiden und sich stattdessen von den Zeitzwängen und den Herausforderungen der aktuellen Situation vereinnahmen zu lassen.

Natürlich bilden Charakterisierungen, wie sie hier vorgenommen wurden, nur ein grobes Raster. Zumeist findet man bei Terroristen verschiedene Aspekte der Motivation. Auch ganz persönliche Motive können eine Rolle spielen. In der fast auswegslosen Lage, in der sich Familien in Landstrichen, aus denen Terroristen rekrutiert werden, häufig befinden, mag die Aussicht, dass die Hinterbliebenen eines Selbstmordattentäters wenigstens rudimentär finanziell abgesichert werden, der letzte Anstoß sein, sich zu »opfern«.

# Innerislamischer Terror in Pakistan

Extremistische und radikal-fanatische Gruppen gibt es in Pakistan seit rund 50 Jahren. Schon 1953 entfesselte der islamistische Theoretiker Maulana Maudoodi eine Art Bürgerkrieg in Pakistan. Besser organisiert haben sich die militanten Kämpfer dort jedoch meist erst seit dem afghanischen Bürgerkrieg um 1979. In dieser Zeit flohen Hunderttausende vor den Kämpfen über die pakistanische Grenze, verwundete Kämpfer wurden zur Genesung in das Land geschickt, andere kamen direkt zur Ausbildung als Mudjahedin nach Pakistan. Viele dieser Gruppen unterhalten bis heute Camps, in denen neue Anhänger indoktriniert und ausgebildet werden. Genauere Angaben über deren Anzahl und Stärke sind jedoch nicht bekannt. Wer will sich schließlich auf die Finger schauen lassen, wenn es um revolutionäre und auch in Pakistan ungesetzliche Tätigkeiten geht.

Indes ziehen die Organisatoren dieser Camps nicht alle an einem Strang. Es gibt dort dutzende verschiedener, auch miteinander konkurrierender Gruppen und Sekten, die sich zum Teil in blutige Fehden gegeneinander verstricken. Ihren Feind finden sie eher in der Weite der »Umma«, das heißt unter all denen, die sich zum Islam bekennen. So gab es etwa im Jahr 2000 seitens der islamischen Minderheit der Schiiten hunderte von Ermordeten zu beklagen. Zur »Ausrottung« der reformerischen Ahmadiyya-Muslim-Jamaat wurden eigens Organisationen wie die Khatm-e Nabuwwat gegründet, die auch in Deutschland aktiv ist. Ihre Mitglieder und Fürsprecher kommen nicht nur aus den Reihen der Terrorismus predigenden Mullahs, sondern sogar aus höchsten Regierungskreisen. Einer der wichtigsten Scharfmacher war der frühere pakistanische Diktator General Zia ul Haq, Sohn eines Mullahs. Er rief öffentlich dazu auf, das »Krebsgeschwür«, wie er die betont friedliche Ahmadiyya-Muslim-Jamaat nannte, zu vernichten. So ließ er die – bis heute gültigen – Anti-Ahmadiyya-Gesetze in die pakistanische Verfassung aufnehmen, die es den etwa drei bis vier Millionen Mitgliedern verbieten, ihre friedfertige und mystische Interpretation des Koran zu verbreiten.

Diese Gesetze gaben immer wieder Anstoß zu Pogromen, denen in den letzten Jahren zahlreiche Ahmadiyya-Muslime zum Opfer fielen. Vor allem aber die von Maulana Maudoodi gegründete, auch im pakistanischen Parlament vertretene Partei Jamaat-i-Islami erweist sich immer wieder als Initiator von blutigen Ausschreitungen, mit denen sie ihrem Ziel, der Ausmerzung der Ahmadiyya-Muslim-Jamaat näher kommen will.

Dieser innerislamische Konflikt, der mit hoher Gewaltbereitschaft einhergeht, bedroht nicht nur den Frieden Pakistans. Militante Mullahs aus den Reihen extremistischer Organisationen werben in der pakistanischen Diaspora Europas, beispielsweise in Großbritannien, Norwegen und Deutschland, durch Brandreden neue Anhänger. In den Ausbildungslagern der Extremisten, von denen sehr wohl bekannt ist, wo sie sich befinden, werden auch Kämpfer für terroristische Wühlarbeit ausgebildet. Sie werden vor allem in den ehemals der Sowjetunion zugehörigen islamischen Republiken Mittelasiens eingesetzt und sind unter anderem für Terroranschläge in Usbekistan verantwortlich. Die Spur der Fanatiker führt ebenfalls nach Saudi-Arabien, das nach der Teilung Indiens 1947 in den darauf folgenden Gründungsjahren Pakistans die Jamaat-i-Islami finanziell ausstattete und zumindest durch den Druck und Export von aufrührerischen Schriften an der Entstehung von Unruhen beteiligt ist.

# Taliban: Pervertierung des Islam

Die Taliban sind auf Grund ihrer Weigerung, den mutmaßlichen Drahtzieher der Attentate vom 11. September 2001, Osama bin Laden, an die USA auszuliefern, in den Fokus der Weltöffentlichkeit gerückt. Ihre Auslegung des Koran und des islamischen Glaubens sind in der Zeit nach den Attentaten Gegenstand der internationalen Berichterstattung. Doch inwieweit können die Taliban für sich in Anspruch nehmen, den Islam zu vertreten?

Ausgebildet und fanatisiert in pakistanischen Schulen und Lagern, werden sie wegen ihrer extrem fanatischen Vorstellungen, die nichts anderes als eine Pervertierung der Lehren des Propheten Mohammed darstellen, in der islamischen Gemeinde weithin als Barbaren angesehen, die den Islam zwar im Munde führen, aber dabei kaum etwas mit jenem Sinn gemein haben, den der Koran vermitteln möchte. Dass kaum ein Staat aus dem islamischen Kulturkreis mit ihnen diplomatische Beziehungen unterhält, ist symptomatisch. Die menschenverachtenden Gesetze und Praktiken des Taliban-Regimes sprechen dem Islam Hohn: Ihre Auffassung, Zwang in Glaubensangelegenheiten anwenden zu dürfen, verbietet der Koran ausdrücklich. Ebenso pervertieren die Taliban den Koran durch ihre verachtende Haltung gegenüber Nicht-Muslimen. Die Grundlage des Sozialwesens, so wie sie der Koran beschreibt, ist Glaubensfreiheit. Im Koran heißt es dazu wörtlich: *»Laß den gläubig sein, der will, und den ungläubig sein, der will.«* (Sure 18 Vers 30) und *»Er* (das heißt Allah, Anm. des Autors) *sendet (Seinen) Zorn über jene, die ihre Vernunft nicht gebrauchen mögen.«* (Sure 10 Vers 101). Auch die totale Diskriminierung von Frauen steht in absolutem Widerspruch zum Koran, der die Gleich-

wertigkeit von Mann und Frau (Sure 2 Vers 188) fest-
setzt, indem er kategorisch erklärt: *»Sie sind euch ein
Gewand, und ihr seid ihnen ein Gewand«*.

## Wege zur Bekämpfung des islamistischen Terrorismus

Dem Terrorismus muss ein Gegengewicht entgegengesetzt werden. Es gilt die verheerenden Folgen aufzuzeigen, die eintreten, wenn man sich auf das Gedankengut
einlässt, auf dem terroristisches Handeln basiert. Die
analytische Auseinandersetzung mit dem Thema Terrorismus bringt dessen Prämissen klar ans Licht: Prämissen, die in der Ausführung schiere Unmenschlichkeit produzieren. Der Grausamkeit terroristischer Konzepte muss die Menschlichkeit und Schönheit humaner,
aufklärerischer und ethisch bereichernder Konzepte
entgegengesetzt werden. Und die religiöse Komponen-
te ist dabei besonders hervorzuheben. Der Anspruch
vieler religiös motivierter Extremisten, den Menschen
eine Wahrheit zu vermitteln, die letztlich zu einem uni-
versalen Friedenszustand führe, ist dabei vor allem zu
beleuchten. Da, wie ausgeführt, zumindest ansatzweise
religiöses Denken und Empfinden sowie Glauben und
Handeln wichtige Bestandteile terroristischer Überlegungen sind, kommt es darauf an, genau hier anzuset-
zen. Auf diese Weise können vielleicht friedliche Aus-
wege aus verfahrenen Situationen gefunden und die
Argumente dafür eindringlicher deutlich gemacht werden. Eine Auseinandersetzung mit den Thesen der
Gewalt, die manche Geistliche des Islam verbreiten,
müsste jene Keimzellen und Brutstätten erreichen, in
denen für den Terrorismus Propaganda betrieben wird.

In der Tat ist dies das größte Problem, wenn man sich mit der Frage beschäftigt, wie der Sumpf des Terrorismus trockengelegt werden könnte. Wie oben erwähnt ist es hinlänglich bekannt, dass es beispielsweise in Pakistan ca. 2.500 (FAZ, 25. September 2001) streng kontrollierte Camps gibt, in denen tausende Jugendliche mit terroristischen Vorstellungen infiziert werden – und, was ihnen und ihren Eltern wohl meist viel wichtiger ist, regelmäßig mit Essen und Kleidung versorgt werden. Jenen Camps und Schulen, in denen Kindern und Jugendlichen Militanz als Qualitätsmerkmal des Islam eingebläut wird, kann solange nicht der Boden entzogen werden, solange es in Ländern wie Pakistan keine öffentlichen, vom Staat finanzierten Ausbildungsangebote gibt. Der Einfluss dieser Trainingslager, in denen zu Hass und Gewalt erzogen wird, kann erst dann schwinden, wenn Schulbildung erschwinglich und für alle zugänglich ist. Pakistan, in dem die Analphabetenrate über 70 Prozent der Gesamtbevölkerung ausmacht, steht hierbei als Synonym für andere Länder, in denen Lehrmeister der Gewalt über Wohl und Wehe Jugendlicher bestimmen.

In Europa indes ist die Lage anders. Hier gibt es eine Schulpflicht und in der Regel ausreichende Möglichkeiten, sich intellektuell ausbilden zu lassen. Aber auch hier kennt man das Dilemma, dass beispielsweise muslimische Jugendliche hinsichtlich religiöser Überzeugungen vom Staat weitgehend alleine gelassen werden. Die Debatte um die Einführung eines islamischen Religionsunterrichts, die vor einigen Jahren hierzulande eingesetzt hat, zeigt dies deutlich. Das heute viel diskutierte Problem, wie verhindert werden kann, dass auch in Deutschland Koranschulen auf schlimme Weise indoktrinieren, muss gelöst werden, will man einer integrationsfeindlichen Propaganda Einhalt gebieten. Zwar ist es völlig übertrieben, Moscheen allgemein als Orte zu brandmarken, in denen zur Gewalt aufgerufen wird, wie dies einige politische Gruppierungen – etwa »Die Republikaner« und die Partei »Christliche Mitte« – fast schon volksverhetzend zum Beispiel in Ansprachen und auf Wahlveranstaltungen tun.

Dennoch muss konstatiert werden, dass sich nicht alle muslimischen Vereine ohne Abstriche von Gewalt distanzieren und sie verurteilen. Dass der Verfassungsschutz etliche islamische Organisationen in unserem Staat beobachtet, weist auf diesen Sachverhalt hin. Obwohl Deutschland seinen Bürgern ausreichend Freiheiten zur persönlichen Entfaltung bietet, finden gefährliche Institutionen aus dem islamischen Umfeld hier einen Nährboden. Um wie viel höher muss die Gefahr in den Staaten sein, die sowohl in Bezug auf Ausbildungschancen als auch auf grundlegende Freiheiten (Religionsfreiheit) allgemein kaum Perspektiven bieten. Es ist also dringend geboten, in solchen Ländern soziale Rahmenbedingungen herzustellen, unter denen jenes Wissen vermittelt werden kann, das es den Menschen ermöglicht zu erkennen, was von den Versprechungen der Terrorführer zu halten ist. Die Freiheit der Forschung und Lehre ist neben der Glaubens- und Gewissensfreiheit sowie den sozialen Bedingungen, die ein Überleben auf menschenwürdige Weise möglich machen, eine der wichtigsten Grundlagen für den Fortschritt in einem Land. Die reichen Industrieländer sind somit herausgefordert, dafür zu sorgen, dass derartige Grundlagen vor allem in jenen Staaten geschaffen werden, die zu Keimzellen von nationalem wie internationalem Terrorismus geworden sind.

# Die Entstehung des Islamismus

Allah fordert im Koran alle Menschen auf, einander Gutes zu tun. Es heißt in Sure 2 Vers 149: *»Und jeder hat ein Ziel, nach dem er strebt; wetteifert daher miteinander in guten Werken.«* Für die Muslime, die sich daran halten und somit dem Weg des Propheten Mohammed nachfolgen, bedeutet das auch, zwischen den Gläubigen und den Ungläubigen diesbezüglich keinen Unterschied zu machen. Ihr Prophet hatte ja in seiner berühmten Abschiedsrede ausdrücklich darauf verwiesen, dass weder ein Araber vor einem Nicht-Araber, noch ein Weißer vor einem Schwarzen etc. bevorzugt werden solle, weil in den Augen Gottes nur der Grad der Rechtschaffenheit zählt. So wendet sich der Koran in der Sure 3 Verse 133 bis 136 an die gesamte Menschheit, um ihr deutlich zu machen, worin ihre Aufgabe liege und wie sie den Zweck ihres Daseins erfüllen könne. Hier heißt es:

> *»Und gehorchet Allah und dem Gesandten, auf daß ihr Gnade finden möget. Und wetteifert miteinander im Trachten nach der Vergebung eures Herrn und einem Paradiese, dessen Preis Himmel und Erde sind, bereitet für die Gottesfürchtigen – die da spenden in Überfluß und Mangel, die den Zorn unterdrücken und den Mitmenschen vergeben; und Allah liebt, die da Gutes tun, Und die, so sie eine Untat begehen oder wider sich selbst sün-*

*digen, Allahs gedenken und um Verzeihung fle-*
*hen für ihre Sünden – und wer kann Sünden ver-*
*geben außer Allah? – und die nicht wissentlich*
*beharren in ihrem Tun.«*

Allein diese Verse müssten genügen, um jene, die behaupten, der Islam biete Terroristen einen Nährboden,
eines Besseren zu belehren. Oder gibt es einen Terroristen, der seinen Zorn unterdrückt? Dennoch hat es im
Kulturkreis des Islam, genauso wie in anderen Kulturkreisen, genügend Menschen gegeben, die sich nicht an
die Ermahnungen des Koran hielten und die sich, an-
statt das Böse mit dem abzuwehren, was das Beste ist
(Sure 41 Vers 35), für Gewalt entschieden. Zur Rechtfertigung ihrer Taten ziehen sie dabei immer wieder
Koran-Verse heran, die sie aus dem Gesamtzusammen-
hang reißen und ihren Zwecken entsprechend interpretieren. Gerade im terroristischen Umfeld wird auf diese
Weise allerlei »Frommes« gepredigt. Im Testament des
Selbstmordattentäters Mohammed Atta und in den Anleitungen, die man nach der Terrorserie vom 11. September 2001 zwischen den persönlichen Unterlagen
einiger Attentäter fand, wird der Anschein erweckt,
dass diese gewaltbereiten Fanatiker im Grunde geradezu Heilige seien, die sich für die gute Sache des Glaubens opferten und die Gebote des Islam streng befolgten. Die Beschäftigung mit dem Koran zeigt jedoch
rasch, dass dieser Schein trügt.

Indem Fanatiker zur Vernichtung derjenigen aufrufen, die nicht ihres Glaubens sind, verstoßen sie gegen
ein fundamentales Gebot des Koran. Hier heißt es in
Sure 2 Vers 257 deutlich genug: *»Es soll kein Zwang*
*sein im Glauben.«* Wenn sie mit unversöhnlicher Has-
spropaganda zu Mord und Totschlag aufrufen und
es keinen Verständigungsweg außerhalb gewalttätiger

oder terroristischer Taten gibt, verstoßen sie gegen den Willen jenes Gottes, in dessen Namen sie angeblich kämpfen. In Sure 16 Vers 91 ist für alle Gläubigen niedergeschrieben: *»Allah gebietet, Gerechtigkeit und uneigennützig Gutes zu tun und zu spenden wie den Verwandten, und Er verbietet das Schändliche, das offenbar Schlechte und die Übertretung. Er ermahnt euch, auf dass ihr es beherzigt.«* Und, wie bereits oben auszugsweise zitiert: *»Gut und Böse sind nicht gleich. Wehre (das Böse) mit dem ab, was das Beste ist. Und siehe, wenn Feindschaft zwischen dir und einem anderen war, wird der wie ein verbrannter Freund werden. Aber dies wird nur denen gewährt, die standhaft sind; und keinem wird es gewährt als dem Besitzer großen Seelenadels.«* (Sure 41 Verse 35 und 36). Der Koran verurteilt zudem das Auseinandergleiten von Wort und Tat, wie es bei religiösen Fanatikern zum propagandistischen Rüstzeug gehört. In Sure 61 Vers 4 heißt es: *»Höchst hassenswert ist es vor Allah, daß ihr sagt, was ihr nicht tut.«*

## Die Assassinen

Dennoch gab es im islamischen Kulturkreis immer wieder Bewegungen, die Mord im Namen der Religion zu ihrem Geschäft gemacht hatten. Die berüchtigste unter ihnen ist der Geheimbund der Assassinen, wörtlich »Haschischesser«. Der Legende nach wurden junge Männer, die sich ihnen zur Verfügung stellten, zunächst durch ausgiebigen Haschisch-Konsum betäubt und dann in Gärten geführt, die der Beschreibung nahe kamen, die im Koran vom Paradies gegeben wird. Dort konnten sie einige Zeit jede nur erdenkliche sinnliche

Freude genießen. Dann betäubte man sie noch einmal und als sie schließlich erwachten, machte man ihnen weis, dergleichen Freuden erwarteten sie auf immerdar, falls sie als Märtyrer ins Paradies eingingen. Der Überlieferung nach waren die jungen Leute daraufhin bereit, sich jeder Aufgabe zu stellen, die ihnen von den Oberen der Sekte erteilt wurden. Todesmutig machten sie sich auf, um Meuchelmorde zu begehen. Der Sitz der Assassinen, die sich einer Abspaltung vom Islam, den Ismailiten, zugehörig sahen, befand sich in Alamut; weitere Festungen gab es in Persien und Syrien. Sie konnten zunächst durch zahlreiche Morde einige Macht erringen. Bisweilen sagten sie sich auch direkt vom islamischen Gesetz los, unterwarfen sich dann wieder der ismailitischen Führung und wurden schließlich 1256 durch die Mongolen vernichtet.

Hassan bin Sabbah gründete den Geheimbund der Assassinen um 1080. Ihm wird der Satz »Nichts ist wahr, alles ist erlaubt« zugeschrieben. Dieses Credo erlaubte und rechtfertigte jede Handlung, lag sie auch außerhalb der Grenzen, die Weisheit und Vernunft, Natur und göttliches Gesetz einrichteten. Hassan bin Sabbah erteilte mit seiner Maxime seinen Gefolgsleuten einen Freischein. Darin war nicht nur Meuchelmord miteingeschlossen, sondern alles, was sie im Namen einer angeblich höheren Ordnung zu tun wünschten. Für sie galten weder die Regelwerke der Konvention oder Tradition noch die heiligen Bücher des Islam. Sie stellten sich stattdessen in eigenen Abhandlungen, die später nahezu vollständig von den Mongolen vernichtet wurden, ihre eigene Philosophie zusammen. Der blinde Gehorsam, den assassinische Führer ihren Anhängern abverlangten und der ihnen auch gezollt wurde, macht die Bewegung zu einem Prototyp fanatischer Sekten.

Schon vor dem Auftreten der Assassinen waren Sekten bekannt, die für sich den Anspruch auf eine schrankenlose Freiheit jenseits von Gesetz und Religion erhoben. Dennoch lebte im Bewusstsein vieler Europäer vor allen anderen der Mythos von Hassan bin Sabbah fort. Auch sprachlich hinterließ dieser Mythos in der europäischen Kultur seine Spuren: Das Französische kennt beispielsweise das von den Assassinen abgeleitete Wort »assassin«, das mit »Mörder« übersetzt wird, und auch im Englischen hat sich die Wortfamilie »assassinate«, »assassination« in dieser Bedeutung niedergeschlagen.

## Islamismus und geordneter Krieg

Im Rahmen eines Krieges Agenten hinter die Frontlinie zu schicken, ist seit jeher Teil militärischer Strategien und Taktiken. V-Leute einzusetzen, einen agent provocateur zu platzieren oder Attentate und Sabotageakte durchzuführen, zählt zu den häufig genutzten Winkelzügen internationaler Kriegsführung. Diese Praktiken widersprechen dem, was man ein internationales Kriegsethos nennen könnte, keineswegs, hier macht der islamische Kulturkreis keine Ausnahme. Die kriegerischen Aktionen der extremen Islamisten jedoch durchbrechen offen sämtliche Konventionen, die Kriegsabläufe regulieren – internationale Konventionen, aber auch die Regeln und Gebote eben jener Religion, in deren Namen sie angeblich kämpfen.

Auch wenn dieses Wort im Zusammenhang mit islamistischen Extremisten noch so häufig zitiert wird: Islamisten führen keinen Djihad im Sinne eines Verteidigungskrieges zur Erlangung der Religionsfreiheit. Sie führen vielmehr einen »Harb«, so das arabische Wort für Krieg, das auch im Koran auftaucht. Islamisten geht es letztlich nur um Macht. Indem sie Unterdrückung und Zwang im Namen der Religion ausüben, praktizieren sie, was der Koran ausdrücklich verbietet, wenn er, wie bereits zitiert, sagt: *»Laß den gläubig sein, der will, und den ungläubig sein, der will.«* (Sure 18 Vers 30).

Durch aggressive und gewalttätige Willkürakte verletzen Islamisten jene Freiheiten und Rechte, die im Koran festgeschrieben sind, heben sie auf und verkehren sie in ihr Gegenteil. So genannte Gottesstaaten, denen auch das Taliban-Regime in Afghanistan zuzurechnen ist, verwehren ihren Bürgern jene sozialpolitischen Grundrechte, die der Koran vorsieht: beispielsweise die Gleichwertigkeit von Mann und Frau (Sure 2 Vers 188) oder das Recht eines jeden Individuums, vom Staat ernährt, behaust und mit medizinischer Versorgung und Bildungsmöglichkeiten versehen zu werden (Sure 20 Verse 119 und 120).

Die Frage aber ist, wie es dazu kommen konnte, dass die Prinzipien des Wohlfahrtsstaates und der Menschenrechte im Verlauf der islamischen Geschichte in vielen Staaten vernachlässigt, nicht eingelöst oder sogar pervertiert wurden. Und das, obwohl sie im Koran als Grundbedingungen genannt sind und im Frühislam, von der Zeit an, als der Prophet Mohammed in Medina regierte, bis mindestens der des Kalifats von Ali (das bis 661 währte), praktiziert wurden.

Natürlich kennt auch die islamische Welt das politische Phänomen zur Genüge, dass Macht Korruption beflügelt. Geistesgeschichtlich betrachtet reichen die Wurzeln jener extremistischen Islamisten, die durch die totale Missachtung der Inhalte des Koran an Macht zu gewinnen suchten, bis in das 7. Jahrhundert zurück, in denen sich im religiösen Bereich extremistische Strömungen durchsetzten, die nur noch das Äußere betonten und immer mehr Gefallen daran fanden, an bloßen Ritualen und Vorschriften festzuhalten. Als Beginn dieser Wende kann das Auftreten der ersten Mystiker des Islam nach der Epoche seiner Frühzeit um 700 benannt werden. Diese Mystiker wurden Sufis genannt, weil sie, im Gegensatz zu Städtern, die sich dem weltlichen Gepränge hingaben und sich in Seide zu kleiden pflegten – obwohl der Prophet den muslimischen Männern dies untersagt hatte –, wollene Gewänder (»suf« heißt auf Deutsch »Wolle«) trugen.

Der Prophet Mohammed hatte zudem prophezeit, dass der Islam einen Niedergang erleiden werde und – aufgrund von Offenbarungen, die er von Allah erhielt – dass es in jedem nachfolgenden Jahrhundert Reformer des Islam geben würde, Mudjaddids genannt. Als erster allgemein anerkannter Mudjaddid gilt Umar bin Abdul Aziz, der im ersten Jahrhundert islamischer Zeitrechnung lebte. Zudem traten Begründer von Tariqas (mystischen Strömungen) auf, in denen sich Derwische und Sufis sammelten. Diese legten, im krassen Gegensatz zu radikalen Muslimen, die das Äußere überbetonten, auf das Einhalten islamischer Gebote bisweilen kein Gewicht oder sprachen ihm sogar jeglichen Wert ab.

## Entwicklung des Islamismus seit dem Mittelalter

Mit dem beginnenden Mittelalter setzte der Niedergang des Frühislam ein. Das schlug sich nicht nur in einer zunehmenden Missachtung der koranischen Anweisungen nieder, sondern äußerte sich auch in einer generellen Wissenschaftsfeindlichkeit.

Zudem kam es seit dieser Zeit immer häufiger zum Krieg gegen die Ungläubigen, der als Djihad deklariert wurde, etwa der Feldzug der Türken vor Wien im 17. Jahrhundert. In die Auslegungen der Scharia (islamisch: Fikh) wurden zudem die Todesstrafe für den Abfall vom Glauben oder Steinigung bei Ehebruch aufgenommen. Zwar widersprechen diese Strafen den Inhalten des Koran ausdrücklich, doch sie wurden mit Hadith belegt, über deren Echtheit und Interpretation bis heute gestritten wird. Aus dem Islam der Freiheit wurde in jener mittelalterlichen Zeit ein Islam des Zwangs, der die Wurzel für jenen »Islamismus« darstellt, dem Menschen anhängen, die sich Muslime nennen, aber gleichzeitig davon überzeugt sind, im Namen Allahs als fanatische Krieger die Welt unterjochen zu dürfen – als sei dies der Auftrag des Propheten gewesen.

Das Zeitalter des Kolonialismus brachte dann, vor allem im 18. und 19. Jahrhundert, im Islam verstärkt Ulema (islamische Gelehrte) und Theoretiker hervor, die politische Bestrebungen mit religiösen Vorstellungen vermischten. Angesichts der Tatsache, dass um 1900 die Mehrheit der Muslime, nämlich mindestens 160 Millionen, unter Kolonialmächten lebten und nur etwa 141 Millionen in unabhängigen Staaten, lässt sich leicht nachvollziehen, dass unter Gelehrten die Frage diskutiert wurde, wie sich fremdbestimmte Muslime verhalten sollten und auch, ob, und wenn ja, wie sie eigenständige Formen gesellschaftlichen Zusammenlebens finden und durchsetzen könnten. Das intellektuelle Lager teilte sich hierüber im Wesentlichen in zwei Parteien: Anhänger der einen Seite forderten lautstark einen Djihad. Man suchte nach Vorwänden, um die Massen zu Aufständen und Kriegen aufreizen zu können. In ihrer reaktionär-fanatischen Grundhaltung betrachteten sie alle Errungenschaften der Moderne als

Teufelswerk und verlangten eine wortwörtliche Interpretation des Koran und der Hadith. Ihr Hauptaugenmerk legten sie auf das Einhalten äußerer Formen, gleichzeitig pflegten sie oft auch abergläubische Vorstellungen. Sie waren von dem gleichen Buchstabenglauben beseelt, der jenen anhaftete, die nach der Blütezeit des Islam, jenen ersten 300 Jahren nach dem Tod des Propheten, für den Niedergang der Weltreligion verantwortlich waren. Zu ihren Protagonisten zählt beispielsweise Muhammad bin Abd al-Wahab (1703–1792), der Gründer der Wahabiten, einer Sekte, die in Saudi-Arabien bis heute an der Macht ist.

Die andere Seite der islamischen Gelehrten war von liberalen, auch kosmopolitischen Ideen geprägt. Sie sah in der Kultur aus dem Westen einen Fortschritt, begrüßte die technischen Errungenschaften, feierte die Kolonialherren auch als Befreier von Unterdrückungsherrschaft, als deren grausame Vertreter beispielsweise die Sikhs in Indien galten. Sie sahen keine Notwendigkeit für einen Djihad, da die Religionsfreiheit gewährleistet war.

So wandte sich etwa in Indien der berühmte Theologe Muhammad Hussain von Batala, einer der herausragenden Führer der einflussreichen Muslim-Gruppe »Ahl-i-Hadith«, gegen die zahlreichen Aufrufe der Ulema, die britische Besetzung gewaltsam abzuschaffen: »*Es ist für muslimische Untertanen nicht erlaubt, gegen eine Regierung, ob christlich oder jüdisch oder irgendeines anderen Glaubens, unter der die Muslime ihre religiöse Pflichten und Verpflichtungen ungehindert ausüben können, zu kämpfen, oder jenen, die kämpfen, mit Männern und Geld zu helfen. Für die Muslime Indiens ist es verboten, sich gegen die britische Regierung gewaltsam zur Wehr zu setzen oder sich gegen sie aufzulehnen.*« (Aus: B. A. Rafiq, Wahrheit über Ahmadiyyat). Dennoch gab es auch in Indien Aufstände von Muslimen im Zeichen des Djihad, so dass der Islamgelehrte Seyyed Hossein Nasr erklärte: »*Dass der Aufstand von 1857 kein Djihad unter islamischen Gesetzen war, sondern ein glaubensloses Unterfangen, das einen Vertragsbruch enthielt und Unordnung und Hass, und dass Teilnahme an ihm oder jede ihm geleistete Unterstützung sündig war.*« (Aus: B. A. Rafiq, Wahrheit über Ahmadiyyat). In anderen Regionen der islamischen Welt kam es ebenfalls immer wieder zu Aufständen, die als Djihad deklariert wurden.

Erwähnt sei hier die Propaganda des osmanischen Sultans Abdul Hamid II., mit der er die russischen Muslime aufwiegelte. Dies führte in Russland 1877 zu einem Djihad gegen den Zaren, der jedoch nach anfänglichen Erfolgen rasch abflaute.

## Omar Abder Rahman, Abdes Salam Farag, Abdullah Azzam: die »neue Schule« des Djihad

Die Diskussion um den Djihad nahm bisweilen bizarre Formen an. In den 70er Jahren des 20. Jahrhunderts wollte zum Beispiel der blinde Student Omar Abder Rahman beweisen, dass es den so genannten Großen Djihad (Djihad Akbar) gar nicht gäbe. Er behauptete, diese Philosophie stamme nicht vom Propheten Mohammed, sondern sei eine Erfindung aus späterer Zeiten. Dies wollte er mit einer 2.000 Seiten umfassenden Dissertation zum Djihad belegen, die er für die bekannteste sunnitische Universität in Ägypten, die Al-Azhar, verfasste. Seine großsprecherischen Ausführungen fanden bei jenen, die nach einer theoretischen Rechtfertigung für ihr Streben nach Macht suchten, großen Anklang. Indes übergeht diese Abhandlung völlig, dass im Koran vom Djihad Kabir (Mittleren Djihad) in Sure 25 Vers 53 die Rede ist. Zudem vernachlässigte er, dass der Koran ungezählte Stellen enthält, in denen der Djihad Akbar, also die Anstrengung gegen eigene egoistische Wege, Unmoral und Fehlverhalten, beschrieben wird. Selbst wenn der Terminus »Djihad Akbar«, also der Große Djihad, nicht wortwörtlich im Koran auftaucht, so enthält dieser dennoch hunderte von Anweisungen, die sich auf den Djihad Akbar beziehen. Besonders gefährlich ist auch die Aussage Rahmans, der Islam hätte sich ohne den bewaffneten Kampf nie wirklich ausbreiten können – eine im historischen Sinne absolut unhaltbare These. Rahman zog daraus aber den Schluss, der Islam müsse sich auch in Zukunft mit Waffengewalt verteidigen.

Omar Abder Rahman fand mit diesen Behauptungen schnell großen Zulauf. Einer seiner Anhänger, Abdes Salam Farag, weitete Rahmans Thesen in seiner Schrift »Der verloren gegangene Glaubenspfeiler« noch weiter aus. Er behauptet hier, es hätte im Islam ursprünglich noch einen sechsten Glaubenspfeiler gegeben, nämlich den Djihad. Damit befindet er sich im Gegensatz zu allen anerkannten islamischen Gelehrten, die nachweisen, dass der Islam auf fünf Glaubenspfeilern beruhen: dem Glaubensbekenntnis, dem rituellen Gebet, der Armensteuer, dem Fasten und der Pilgerfahrt.

Rahman und Farag bieten mit ihren unhaltbaren Behauptungen den Islamisten eine pseudo-wissenschaftliche Grundlage für ihre Gewalttätigkeit. Und das mit großem Erfolg. So vereinigte Omar Abder Rahman in Ägypten die zahlreichen islamistischen Gruppen zu der mächtigen Organisation der Gama'a Islamiya, die Osama bin Laden Ende der 90er Jahre mit der zweiten wichtigen Islamistengruppe Ägyptens, der Al-Gihad

Al-Islami, unter seine Führung brachte. Omar Abder Rahman befindet sich in USA in Haft, da er laut Gerichtsurteil an dem ersten Anschlag auf das World Trade Center im Jahr 1993 beteiligt war.

Eine Schlüsselposition in der gewalttätigen Interpretation des Begriffs »Djihad« spielte auch Abdullah Azzam – der ideologische Mentor von Osama bin Laden. Die Besetzung Afghanistans durch die Sowjetunion gab dem Islamisten den willkommenen Anlass, in der ganzen Welt Krieger für den Djihad in Afghanistan zu rekrutieren. Sein wichtigster Helfer dabei war Osama bin Laden, der die notwendigen finanziellen Mittel dazu beisteuerte. Azzam unterwies ihn im Gegenzug in den islamistischen Theorien und lieferte Osama bin Laden damit das pervertierte theologische Rüstzeug für die terroristische Interpretation des Djihad.

Neben nationalistischen Erwägungen, die man vor allem in Persien und Ägypten anstellte, neben der Frage nach der Fortdauer des Osmanischen Reiches, das sich in vielen politischen Kriegen engagiert hatte und dabei auch Allianzen mit europäischen Mächten eingegangen war und neben einigen liberalen sowie sozialrevolutionären Bewegungen, spielte im Islam des kolonialistischen Zeitalters auch die Prophezeiung Mohammeds vom Erscheinen des Mahdi eine große Rolle.

Vom Mahdi, also »dem Rechtgeleiteten«, einer Führerpersönlichkeit mithin, die dem Islam in Zeiten seiner Erniedrigung neuen Glanz verleihen würde, erwartete man sich einen Durchbruch und letztlich einen Sieg über die Welt der Ungläubigen. Diese Vorstellung prägt bis heute weite Teile des Denkens der politisch motivierten islamischen Welt. Was es mit dieser mythischen Figur, die in Deutschland vor allem durch Romane von Karl May populär wurde, auf sich hat, ist Gegenstand des folgenden Kapitels.

# Die Idee des Mahdi im Islam

Im Koran selbst ist das Wort Mahdi nicht erwähnt. Doch ein Hadith aus der Sammlung des Ibn Madja stellt die Erscheinung eines Mahdi in Aussicht: Der Mahdi werde die Wiederkunft Jesu sein, also das zweite Erscheinen von Isa – wie Jesus im Koran genannt wird. Viele Theologen haben im Lauf der Geschichte auf Vers 4 aus der Sure 62 hingewiesen, in dem davon die Rede ist, dass es in einer späteren Zeit – also lange nach dem Auftreten des Propheten Mohammed – eine Schar von Gläubigen geben wird, die den Sahabis (den Gefährten und Gefährtinnen des Propheten Mohammed) gleich sein werden.

Die Theologen sehen in diesen Versen Hinweise auf die Gefolgsleute des Mahdi. In den Sammlungen früher Gelehrter des Islam, die mündliche Überlieferungen von Aussprüchen des Propheten Mohammed aufgezeichnet haben, wird das Wort »Mahdi« ausdrücklich und häufig erwähnt. Übersetzt bedeutet Mahdi »der Rechtgeleitete«. Die Stellung, die ihm zugeschrieben wird, ist jedoch mehr als das: Er werde direkt der »göttlichen Leitung« unterstehen.

In der Geschichte des Islam ist der Ehrentitel Mahdi immer wieder herausragenden Persönlichkeiten zugemessen worden, aber seine eigentliche Bedeutung ist im eschatologischen – d.h. die letzten Dinge betreffenden – Bereich verwurzelt. Die Prophezeiungen der Hadith, die beispielsweise der berühmte arabische Geschichtswissenschaftler Ibn Khaldun (1332–1406), wenngleich nicht vollständig, zusammengestellt hatte, berichten nämlich von der Ankunft des Mahdi am Ende der Zeit.

## Die Prophezeiungen vom Erscheinen des Mahdi

Vor allem im Volksglauben spielen diese Prophezeiungen eine große Rolle. Die Massen vertrauten, zumal in schwierigen Zeiten, immer wieder darauf, dass die Verheißungen in Erfüllung gehen würden, die Folgendes besagen: Allah werde jemanden entsenden, der die Muslime reich machen werde, so reich, dass sie über Gold laufen würden, ohne ihm noch einen Wert beizumessen. Zudem werde der Mahdi Kriege führen und die Glorie des Islam wiederherstellen. Unter seiner Führung werde die antigöttliche Kraft, der Anti-Christ, in den Hadith als »Dajjal« bezeichnet, getötet werden. Und der Mahdi werde die ganze Welt für den Islam erobern. Er werde, so heißt es in diesen Überlieferungen weiter, ein Nachkomme des Propheten sein, ihm im Charakter, aber nicht in seiner Erscheinung gleichen und Gerechtigkeit wiederherstellen. Zu seiner Zeit würde sich der Islam in einem Zustand der Belanglosigkeit, des äußersten Niedergangs befinden, und um den Glauben wäre es so schlecht bestellt, dass die Kaaba verschwunden und die Seiten des Koran leer sein würden. Gewalt würde auf Erden regieren, so dass jemand, der die Worte »Allah, Allah!« ausspreche, getötet werden würde. Sittenverfall in größtem Maße wäre an der Tagesordnung und der Islam bestünde nur noch als Wort.

Mahdi und Isa (Jesus) aber, so führen islamische Rechtsgelehrte aus, seien nur zwei Namen für ein und dieselbe Person, durch die zwei unterschiedliche Wirkungsweisen deutlich würden. Isa sei das messianische (also erlösende) Element und Mahdi das der Rechtsprechung und Leitung.

Was die Wiederkunft Jesu betrifft, so finden wir dazu in zahlreichen, vor allem den berühmtesten, Hadith-Sammlungen genauere Aussagen. Durch ihn, so heißt es da, werde das Kreuz gebrochen und das Schwein getötet. Er werde die Kriegssteuer abschaffen und den Reichtum so vermehren, dass niemand ihn annehmen werde. Und er werde ein gerechter Richter sein. In einer der beiden als am authentischsten geltenden Hadith-Sammlungen, der von Sahih Bukhari, findet sich auch die Aussage, die Wiederkunft Jesu werde »den Krieg abschaffen«.

## Der Mahdi-Aufstand des Muhammad Ahmad

Diese und weitere Überlieferungen haben seit je die islamischen Massen begeistert, ihre Fantasie angeregt und sie von glorreichen Zeiten träumen lassen. Das ist heute nicht anders als in den vergangenen Jahrhunderten. Besonders in den Zirkeln jener, die die Meinung vertreten, der Islam müsse mit Gewalt die Herrschaft über die Erde erringen, ist der Glaube an den Mahdi sehr präsent. Und viele Muslime, die vom Djihad träumen, warten sehnsüchtig auf sein Erscheinen. Ihrer Meinung nach darf nur er als Kalif, also Stellvertreter des Propheten Mohammed, die Erlaubnis zum Djihad erteilen. Kein Wunder, dass in der Vergangenheit immer wieder Volksführer mit dem Anspruch auftraten, dass sie der erwartete Mahdi seien. Sie beriefen sich darauf, dass die Zeichen für das Ende der Welt da seien und damit die Stunde, die Welt für den Islam zu erobern. Besonders bekannt wurde der Mahdi-Aufstand, den Muhammad Ahmad (1843–1885) im Sudan anführte. Er brachte große Teile des Landes an sich und eroberte 1885 sogar Khartum, bevor er ums Leben kam. Seine Anhänger wurden 1898 von den Briten vernichtend geschlagen. Doch sein Mahditum blieb in den Köpfen seiner Landsleute lebendig. Seine Nachfahren gründeten im Sudan die Nationalpartei (Hizb Al-Umma) der Ansar-Bewegung. 1970 wagten sie unter ihrem damaligen Führer, Hadi bin Abdarrahman al-Mahdi, erneut einen Aufstand. Sie besetzten die traditionsreiche Nil-Insel Aba und riefen eine unabhängige Herrschaft aus. Aber Regierungstruppen konnten schon kurz darauf diese Neuauflage des Mahdi-Aufstands zerschlagen.

Dieser Vorfall zeigt, dass die Idee eines blutigen Mahdi im Volks-Islam einen großen Stellenwert besitzt. Wie virulent diese Idee ist, beweist auch ein anderes Ereignis aus der jüngsten Vergangenheit.


## Der Mahdi-Aufstand des Juhaima ibn Mohammed al-Otheiba

Am 20. November 1979, dem Beginn des 14. Jahrhunderts islamischer Zeitrechnung, peitschten kurz nach Beginn des Morgengebets Schüsse durch den Innenhof der Großen Moschee von Mekka. Unmittelbar darauf erklang aus einem Lautsprecher die Stimme eines jungen Mannes, der erklärte, er sei der Mahdi, dessen Kommen die Schrift der Muslime angekündigt habe. Es war Juhaima ibn Mohammed al-Otheiba. Er stammte aus einem einflussreichen Stamm der Arabischen Halbinsel, der indes der Königsfamilie der Sauds unterworfen worden war. Gemeinsam mit 800 Mann, einer großen Menge an Waffen und ausreichenden Lebensmitteln hatte er sich in den Katakomben der Großen Moschee verschanzt.

Er klagte die Herrschenden als dekadent und verbrecherisch an, traf aber nicht, wie erwartet, auf großen Widerhall unter den versammelten Pilgern. Zwar gab es eine Demonstration von Schiiten, die ihn unterstützten, und auch die eingesetzten Soldaten verhielten sich relativ friedlich, aber zu einem Aufstand im ganzen Land kam es nicht. Und das, obwohl Juhaima ibn Mohammed al-Otheiba zum Zeitpunkt seiner Proklamation in den wichtigsten Städten Saudi-Arabiens Bomben hatte zünden lassen, um seinen Anspruch auf Revolution deutlich zu machen. Der Königsfamilie gelang es zunächst nicht, den Mahdi-Aufstand zu beenden. Kronprinz Fahd musste die europäischen Regierungen um Hilfe bitten. Schließlich entsandte der französische Staatspräsident Valéry Giscard d'Estaing eine Spezialtruppe, der es nach dreiwöchigem Kampf gelang, die Aufständischen zu besiegen. Der Mahdi und viele seiner Anhänger wurden öffentlich enthauptet. Insgesamt kostete dieser Mahdi-Aufstand 2.000 Menschenleben.

Einige Monate später versuchten iranische Pilger im Auftrag ihrer Ayatollahs mit Hilfe eingeschmuggelter Broschüren und Tonbänder, welche die Botschaft des Mahdi enthielten, den Aufstand erneut zu entfachen. Aber die Massen folgten ihnen nicht.

Auch bei den Schiiten ist der Glaube an einen Mahdi weit verbreitet. Sie glauben jedoch, dass der Zwölfte Imam dieser Mahdi sei. Vom ihm heißt es, dass er in die Verborgenheit verschwunden sei und am Ende der Zeit wiederkommen werde. Ihm werden gleichfalls all jene Tugenden und Kampfkräfte zugeschrieben, die auch in der sunnitischen Vorstellung vom Mahdi die herausragende Rolle einnehmen. Jeweils, und das ist der entscheidende Punkt, wird von einer wörtlichen Erfüllung der Prophezeiungen geredet. Jeweils sind es materielle und machtpolitische Interessen, die den Glauben an die vom Mahdi erwartete Wende in der Geschichte des Islam und der Welt hochhalten. Damit reihen sich diese Erwartungen nahtlos ein in die Absichten und Vorstellungen der terroristischen Islamisten. Diese mögen sich gar als Vorhut des Mahdi verstehen, als Wegbereiter jenes von Mythen und Legenden umwobenen Heilsführers, der die Armut besiegen und den Islam zur unumschränkten Herrschaft über die Welt führen werde. Dies steht allerdings im Gegensatz zu einer anderen Erwartungshaltung, die mit den Prophezeiungen über das Erscheinen des Mahdi verknüpft ist.

## Mirza Ghulam Ahmad: die metaphorische Deutung von der Ankunft des Mahdi

Im Islam existiert auch die Vorstellung, dass der Mahdi und die Wiederkunft Jesu rein spirituellen Charakter haben werden. Die Vertreter dieser Interpretation deuten die Hadith im metaphorischen Sinne. Demzufolge würden die Kriege des Mahdi Auseinandersetzungen des Geistes sein, seine Kämpfe würden mit der Feder und mit der spirituellen Waffe des Gebets geführt werden. Es war Mirza Ghulam Ahmad aus Qadian in Indien (1835–1908), der um 1890 den Anspruch erhob, dieser friedliche Mahdi zu sein. Bereits acht Jahre zuvor hatte er verkündet, eine Offenbarung von Gott erhalten zu haben, in der ihm mitgeteilt wurde, er sei der Mudjaddid, der Reformer seines Zeitalters.

Seine Interpretation der 1.300 Jahre alten Prophezeiungen des Propheten Mohammed besagten unter anderem Folgendes: Mit dem Brechen des Kreuzes sei gemeint, dass die christlichen Dogmen – wie etwa die Lehren von der Trinität, der Gottessohnschaft, der Erlösung der Menschheit durch den Glauben an einen Tod Jesu am Kreuz und die Erbsünde – durch Argumente und Beweise überwunden würden. Auch das Töten des Schweins sei nicht wörtlich, sondern metaphorisch zu verstehen. Es bedeute, dass durch sein eigenes vorbildliches Leben und die Beispiele seiner Anhänger die Unmoral aus der Welt verschwinden werde. Mirza Ghulam Ahmad führte aus, dass jene, die an eine Wiederkunft des historischen Jesus glaubten, nicht verstanden hätten, was Jesus selbst über die Wiederkehr von Propheten gesagt habe. Jesus habe, laut dem Evangelium des Matthäus 11 Verse 13 und 14, Folgendes erklärt: Die Wiederkunft des Elias, die von den Juden erwartet wurde und die dem Alten Testament zufolge vor dem Erscheinen des jüdischen Messias stattfinden sollte, sei durch Johannes den Täufer erfüllt worden – und somit nicht wörtlich zu verstehen. Dementsprechend könne auch, so Mirza Ghulam Ahmad, die Wiederkunft Jesu nicht so vor sich gehen, dass der historische Jesus – von dem die Muslime und Christen glauben, dass er lebendig in den Himmel aufgestiegen sei – selbst wiederkäme. Der historische Jesus, so schrieb Mirza Ghulam Ahmad in seinem Buch »Jesus in Indien«, sei am Kreuz nicht gestorben, sondern nur bewusstlos geworden. Da die Menschen ihn indes für tot hielten, nahmen sie ihn lebendig vom Kreuz ab und legten ihn in eine Grabkammer. In der Folge sei Jesus zu den verlorenen Stämmen Israels ausgewandert, die sich – wie

Ethnologen nachgewiesen hätten –, in Afghanistan und Kaschmir angesiedelt hätten. Dort habe Jesus weiterhin das Evangelium verkündet und liege in Srinagar, der Hauptstadt von Kaschmir, begraben.

Mirza Ghulam Ahmad konnte in der von ihm 1889 gegründeten islamischen Reformgemeinde Ahmadiyya-Muslim-Jamaat bis zu seinem Lebensende um die 400.000 Anhänger um sich scharen. Die Auseinandersetzung um seine Person und seinen Anspruch zog weite Kreise. Ein wesentlicher Grund dafür war sicher, dass er einen Djihad gegen rechtmäßige Regierungen, die Glaubensfreiheit gewähren, vehement ablehnte. Er proklamierte zwar nicht die Abschaffung des Djihad an sich, aber er erteilte all denen eine entschiedene und theologisch untermauerte Absage, die unter dem Vorwand des Djihad Aufstände anzetteln wollen, um ihre machtpolitischen Interessen durchzusetzen.

Mirza Ghulam Ahmad verwies darüber hinaus auf die oben erwähnten Prophezeiungen, denen zufolge die Wiederkunft Jesu die Kriegssteuer bzw. den Krieg überhaupt abschaffen würde. Dies, so wird von seinen Theologen ausgeführt, bedeute nicht, dass es mit einem Schlag keine Kriege mehr geben würde. Vielmehr würde die Wiederkunft Jesu den Grundstein dafür legen, dass es keine Kriege im Namen der Religionen mehr gäbe. Es sei jedoch ein langer Prozess, bis die Menschen schließlich dahin gelangten, sich wegen ihrer Glaubenszugehörigkeiten nicht mehr gegenseitig zu bekämpfen. Und ebenso wird von seinen Anhängern darauf verwiesen, dass der Reichtum, den der Mahdi verteilen werde, ein Reichtum an religiösem Wissen sei und kein irdischer Reichtum.

Zeitangaben in Prophezeiungen unterliegen also, das lehrte Mirza Ghulam Ahmad, ebenso wie andere Angaben einer Auslegung. Die Gemeinde des Mirza Ghulam

Ahmad umfasst heute mehr als 200 Millionen Menschen aus 170 Ländern.

Solche Vorstellungen entsprechen natürlich nicht dem Wunschdenken der gewaltbereiten Islamisten. Kein Wunder also, dass es heftige intellektuelle Auseinandersetzungen um den Anspruch des Mahdi von Qadian gab und gibt und um die Aufklärung und Entmythologisierung im Islam, die durch seine Schriften Gestalt gewann. Kein Wunder auch, dass seine Anhänger immer wieder Opfer von Verfolgungen durch die extremistischen Mullahs wurden und werden, angefangen mit der Steinigung zweier seiner Jünger in Afghanistan im Jahr 1903 bis hin zur Ermordung von Mitgliedern seiner Gemeinde in Pakistan im Jahr 2001.

Fanatische Mullahs haben sogar eine eigene Organisation gegründet, deren alleiniges Ziel in der Ausrottung der Ahmadiyya-Muslime besteht. Die in Pakistan ansässige Terrororganisation Khatm-e Nabuwwat, die wie bereits erwähnt auch in Deutschland agiert, legitimiert sich damit, dass Mirza Ghulam Ahmad ein falscher Mahdi und Messias sei. Damit sei er vom Islam abgefallen, was laut der mittelalterlichen Auslegung der Scharia, die sie vertreten, den Tod aller bedinge, die in ihm tatsächlich den erwarteten Mahdi und den vom Propheten verheißenen Messias sähen. »Khatm-e Nabuwwat« heißt »Siegel des Prophetentums«. Der Name weist auf die spezielle Eigenheit des theologischen Denkgebäudes dieser Gruppe hin, demzufolge Mohammed der absolut letzte Prophet gewesen sei. Da Mirza Ghulam Ahmad behauptet hatte, von Gott Offenbarungen empfangen zu haben und als geistige Wiederkunft Jesu den Rang eines Propheten einzunehmen, wurde er von ihnen zum Ungläubigen erklärt. Dass die Khatm-e Nabuwwat indes selbst an der Idee festhält, Jesus werde wiederkommen, wenngleich als ein blutiger Jesus, der die Ungläubigen vernichten würde, beweist nur die Widersprüchlichkeit in ihrer Argumentationskette. Denn schließlich kann Jesus nur noch nach Mohammed wiedererscheinen. Somit wäre die Wiederkunft Jesu durchaus das Erscheinen eines Propheten nach Mohammed – was, wie oben erwähnt, laut der Theologie der Khatm-e Nabuwwat ja eigentlich ausgeschlossen sein müsste.

Die Vorstellung von einem Mahdi sind – wie hier gezeigt – innerhalb der großen muslimischen Gemeinde sehr unterschiedlich. Auf der einen Seite stehen die friedvollen Interpretationen der Ahmadiyya-Muslime, auf der anderen Seite nehmen aber islamistische Terroristen für sich in Anspruch, durch ihren gewalttätigen Kampf die Vorhut des Mahdi zu bilden.

# Islam und Terrorismus – Hintergründe

Der Djihad, auch »heiliger Krieg« genannt, ist in der Ideologie der Islamisten eine gewalttätige, blutige Sache. In der muslimischen Welt existiert jedoch nicht nur dieses Konzept. Immer wieder wird von Muslimen – seien es Gelehrte, Theologen, Mullahs oder einfache Gläubige – darauf hingewiesen, dass der Prophet Mohammed verschiedene Formen des Djihad gelehrt hat. Auch der Koran erwähnt den Djihad in mehreren unterschiedlichen Weisen.

## Die drei grundlegenden Definitionen des Djihad

1. Der so genannte Kleine Djihad (Djihad Saghir) bedeutet die Verteidigung der Glaubensfreiheit, des eigenen Lebens oder der gesellschaftlichen Freiheit notfalls mit der Waffe.
2. Der so genannte Mittlere Djihad (Djihad Kabir), über den im Koran in der Sure 25 Vers 53 steht: *»So gehorche nicht den Ungläubigen, sondern eifere mit ihm (dem Qur-ân) wider sie in großem Eifer.«* Was hier mit »Großer Eifer« übersetzt wurde, heißt im arabischen Original »Djihad Kabir«. Damit ist die Verbreitung der Lehren des Koran mit Wort und Schrift gemeint.

3. Der so genannte Große Djihad (Djihad Akbar), der aus der Anstrengung gegen sich selbst besteht. Er bezeichnet den Kampf gegen schlechte Angewohnheiten, sündiges Betragen und Mangel an Moral sowie fehlerhaftes Verhalten. Der Prophet Mohammed sagte, als er einmal mit Gefährten von einem Feldzug nach Medina zurückkehrte, einem Hadith zufolge: *»Wir kommen aus dem Kleinen Djihad und gehen in den Großen Djihad.«*

Über den Sinn des Djihad, der ja als Gebot für die Muslime im Koran dargelegt wird, sagt das bekannte Lexikon der arabischen Sprache Tajul Urus: *»Die wahre Bedeutung von Djihad ist die, nichts zurückzuhalten und jede Anstrengung vorzubringen und den beabsichtigten Zweck durch Selbstzwang zu erreichen. Es gibt drei Arten von Djihad, nämlich, den Feind mit aller Kraft zu bekämpfen, alle einem gegebenen Möglichkeiten in Gegnerschaft zu Satan abzuwenden und sich auf das Beste anzustrengen, damit die satanischen Pläne in dieser Welt ganz und gar zunichte gemacht werden, und sich aufs Vollständigste im Kampf gegen sich selbst anzustrengen. Der Vers des Heiligen Koran: ›Und eifert in Allahs Sache, wie dafür geeifert werden soll‹ (Sure 22 Vers 79), enthält alle diese drei Arten von Djihad.«*

## Der Große Djihad

Zum Großen Djihad zählt der Islam jegliche Anstrengung, die niederen Sinne zu zähmen: zum Beispiel egoistische Verhaltensweisen abzubauen, keine illegitimen sexuellen Beziehungen einzugehen, Gesetze nicht zu übertreten, Wutausbrüche, Zorn und Hass zu besiegen, nicht zu lügen, nur das Beste zu reden, keine Rauschmittel zu nehmen und seinen Lebenspartner stets gut zu behandeln.

In den 13 Jahren, die der Prophet Mohammed in Mekka lebte, galt dort das Gebot des Großen wie auch des Mittleren Djihad. So sagte der Prophet: *»Der beste Djihad ist ein wahres Wort gegen den Tyrannen.«* Und es heißt im Koran über diesen Djihad Kabir in Sure 16 Vers 126: *»Rufe auf zum Weg deines Herrn mit Weisheit und schöner Ermahnung, und streite mit ihnen* (das heißt diskutiere, Anm. des Autors) *auf die beste Art. Wahrlich, dein Herr weiß am besten, wer von Seinem Wege abgeirrt ist; Und er kennt am besten jene, die rechtgeleitet sind.«* Dieser Überzeugungsarbeit, die durch Worte, Schriften und durch eigenes vorbildliches Verhalten geführt wird, ist es zu verdanken, dass der Islam, ohne ein Schwert zu erheben, im 15. Jahrhundert nach Indonesien, China oder Westafrika kam. Die Menschen dieser Länder nahmen den Islam an, nachdem ihnen Kaufleute oder Sufis den Islam vorgelebt und dessen Inhalte vorgetragen und erklärt hatten.


## Der Kleine Djihad

Zum Kleinen Djihad ist anzumerken, dass er erst zum Gebot wurde, als der Prophet Mohammed und seine Gefährten in Medina angegriffen wurden. Wer daraus allerdings ableitet, der Kleine Djihad bedeute die Verbreitung des Islam mit Waffengewalt, übersieht all jene Verse des Koran, in denen erklärt wird, dass Glaubens- und Gewissensfreiheit in einem islamischen Herrschaftsgebiet garantiert werden müssen. Mirza Ghulam Ahmad sei hier zitiert:

*»Alle wahrhaften Muslime, die in dieser Welt gelebt haben, haben den Lehrsatz nie vertreten, dass der Islam mit dem Schwert verbreitet werden sollte. Vielmehr hat sich der Islam seit jeher auf Grund der Schönheit seiner eigenen Lehren verbreitet. Jene Leute also, die sich Muslime nennen, aber nur so viel wissen, dass der Islam mit dem Schwert verbreitet werden muss, sind von der Schönheit der eigenen Lehren des Islam nicht überzeugt, und ihr Verhalten gleicht dem Verhalten der Raubtiere.«* (Aus: Mirza Ghulam Ahmad, Taryaq-u-Qulub).

Er sagte auch:

*»Der Koran schreibt ganz klar vor, dass für die Verbreitung des Glaubens kein Schwert zu gebrauchen ist, sondern die Schönheit der eigenen Lehren des Islam dargelegt werden sollte. Die Menschen sollten durch gute Beispiele angezogen werden. Man sollte niemals meinen, dass der Islam in der Frühzeit den Gebrauch des Schwertes empfohlen hätte. Denn jenes Schwert wurde nicht gezogen, um den Glauben zu verbreiten, sondern um sich vor den Angriffen der Feinde zu schützen oder um den Zustand des Friedens wiederherzustellen. Niemals war der Zweck, Zwang in Glaubenssachen zu üben.«* (Aus: Mirza Ghulam Ahmad, Sitara Qaisraia).

### Berechtigung zum Kleinen Djihad
Um den Kleinen Djihad führen zu dürfen, gibt es lediglich drei Anlässe:
1. Zum Zweck der Selbstverteidigung, also um sich gegen einen Angriff zur Wehr zu setzen oder vor einem Angriff zu schützen.

94

2. Zur Bestrafung, um Vergeltung zu üben für vergossenes Blut.
3. Zur Wiederherstellung der Freiheit, das heißt, um Streitigkeiten ein Ende zu setzen, bei denen Muslime getötet wurden, nur weil sie ihrem Glauben Ausdruck verliehen.

So war auch vom Kleinen Djihad in den 13 Jahren, die Mohammed als Prophet in Mekka lebte, niemals die Rede. Es gab dort keinerlei Versuche, weder von ihm selbst noch seitens seiner Gefährtinnen und Gefährten, Morde oder Gewalttaten an den Muslimen durch blutige Rache zu vergelten. Erst nach der Auswanderung des Propheten nach Medina mussten sich die Gläubigen mit der Waffe verteidigen, als es galt die Vernichtung des Islam und der Muslime zu verhindern.

## Der Versuch der Islamisten, den Kleinen Djihad zu rechtfertigen

Der Koran kennt also ganz klare Anweisungen zum Kleinen Djihad. Es ist daher völlig widersprüchlich, wenn Terroristen sich über diese Gebote hinwegsetzen und zugleich für sich in Anspruch nehmen, islamisch zu handeln. Im Koran heißt es, dass der Prophet sprechen soll: »*Liebt ihr Allah, so folget mir; (dann) wird Allah euch lieben und euch eure Fehler verzeihen; denn Allah ist allverzeihend, barmherzig.*« (Sure 3 Vers 32). Islamisten und Terroristen folgen diesem Aufruf nicht im Mindesten und behaupten trotzdem im Recht zu sein. Es stellt sich hier die Frage, aus welchen Koran-Versen und welchen Hadith-Überlieferungen sie die Legitimation für ihr Tun und Denken ableiten.

## Gehorsam gegenüber Regierungen

Die Auseinandersetzung beginnt mit einem Vers, der sich mit dem Gehorsam der Muslime beschäftigt. In Sure 4 Verse 59 und 60 heißt es:

>*Allah gebietet euch, daß ihr die Treuhandschaft jenen übergebt, die ihrer würdig sind; und wenn ihr zwischen Menschen richtet, daß ihr richtet nach Gerechtigkeit. Fürwahr, herrlich ist, wozu Allah euch ermahnt. Allah ist allhörend, allsehend. O die ihr glaubt, gehorchet Allah und gehorchet dem Gesandten und denen, die Befehlsgewalt unter euch haben. Und wenn ihr in etwas uneins seid, so bringet es vor Allah und den Gesandten, so ihr an Allah glaubt und an den Jüngsten Tag. Das ist das Beste und am Ende auch das Empfehlenswerteste.«*

In der islamischen Welt entzündet sich nun Streit über die Auslegung dieser Verse. Nach Sicht der einen Gruppe, zu der beispielsweise die Koran-Kommentatoren Al Sayed Qutb, Yusuf Ali und Allama Darybadi gehören, wird hiermit Gehorsam gegen eine Regierung nur dann als bindend erklärt, wenn sie islamisch sei. Nach Sicht der anderen Gruppe – hier seien stellvertretend Mirza Ghula Ahmad und Mirza Baschir-du-Din Mahmud Ahmad genannt – belegen diese Verse, dass im Islam auch demokratische Verhältnisse möglich und erlaubt seien. Die Aussage »Treuhandschaft jenen zu übergeben, die ihrer würdig sind« meine somit, dass die Muslime sorgfältig überlegen sollen, wen sie als ihre Anführer oder Staatsoberhäupter wählen. Dabei spiele es keine Rolle, ob der Staat oder die zur Wahl stehenden Personen islamisch geprägt seien oder nicht. Hier werde ja nur gesagt, dass die Menschen allgemein bestimmen sollen, und zwar nach bestem Wissen und Gewissen, wer sie regieren solle. Es sei weder zwingend vorgeschrieben, dass dabei die Regierenden im Verfahren einer demokratischen Wahl bestimmt werden sollen, noch, dass es ein Königreich oder ein Gottesstaat sein müsse, unter dessen Herrschaft die Menschen sich begeben mögen. Auf jeden Fall aber, so besagt die Interpretation dieser Seite, sei Gehorsam gegenüber den Gesetzen eines Landes, in dem ein Muslim oder Nicht-Muslim leben mag, vorgeschrieben. Schließlich hieße es ja, dass man denen gehorchen soll, »die Befehlsgewalt« haben.

Nirgendwo hier oder an anderer Stelle des Koran werde hingegen gefordert oder erlaubt, dass man einem Staat, daher einer rechtmäßigen Regierung, nicht gehorchen solle, nur weil ihr Oberhaupt kein Muslim ist oder die Regierenden aus nicht-muslimischen Glaubens- oder Weltanschauungsverhältnissen stammen. Die in diesem Zusammenhang geäußerte Vorstellung, der Islam kenne nur zwei gesellschaftliche Zustände, das Haus des Friedens und das Haus des Krieges – wobei diejenigen, die im Haus des Friedens, daher unter islamischer Herrschaft leben, die Pflicht hätten, in anderen Landstrichen den Djihad zu führen, um sich dieses Land einzuverleiben und untertan zu machen –, finde keinen Rückhalt im Koran.

Der Koran hält die Gläubigen an, keinen Bürgerkrieg zu entfesseln oder Gewalt im Land auszuüben, widrigenfalls stünden ihnen sehr strenge Strafen zu (Sure 5 Vers 34). Die Gläubigen sollen keinen Streit suchen. Dazu heißt es im Koran in Sure 3 Vers 21:

*»Streiten sie aber mit dir, so sprich: ›Ich habe mich Allah ergeben und ebenso die, die mir folgen.‹ Und sprich zu jenen, denen das Buch gegeben ward, und zu den Analphabeten: ›Habt ihr euch ergeben?‹ Ha-*

*ben sie sich ergeben, dann sind sie sicher auf dem rech-*
*ten Weg, wenden sie sich aber zurück, dann obliegt*
*dir nur die Verkündigung; und Allah achtet wohl der*
*Diener.«*

Wenige Verse später in Sure 3 Vers 27 heißt es:
*»Sprich: ›O Allah, Herr der Herrschaft, Du gibst die*
*Herrschaft, wem Du willst, und Du nimmst die*
*Herrschaft, wem Du willst. Du erhöhst, wen Du*
*willst, und erniedrigst, wen Du willst. In Deiner*
*Hand ist alles Gute. Wahrlich, Du hast Macht über*
*alle Dinge.‹«*

Aus diesen beiden Versen, wie aus vielen anderen des
Koran, geht hervor, dass die Aufgabe einzig und allein
darin bestand, die Botschaft Allahs auf bestmögliche
Art und Weise zu verkünden.

### Das Prinzip der Freiwilligkeit

Es bestand niemals die Pflicht, über jene, denen man
den Koran verkündete, zu wachen oder sie dahinge-
hend zu beaufsichtigen, dass sie ihm folgen sollten. All
dies stünde ja in Konflikt mit der zentralen Aussage des
Koran, dass in Glaubensdingen kein Zwang herrschen
darf (Sure 2 Vers 257).

Grundlage des Glaubens kann – das sagt jede Einsicht in die Natur des Menschen – nur Freiwilligkeit
und Überzeugung sein. Das islamische Verständnis
vom Zustand des Herzens besagt, dass jede Form von
Zwang oder Manipulation nur Heuchelei hervorruft.
Es gibt deswegen immer wieder Verse im Koran, in denen der Prophet und die mit ihm Glaubenden ermahnt
werden, alles zu unterlassen, was von den Menschen als
Zwang verstanden werden könnte. Allah verweist dabei darauf, dass er selbst es ebenfalls unterlassen habe,
die Menschen zum Glauben zu zwingen, wiewohl er
die Macht dazu gehabt hätte. Und deswegen sei es dem

Propheten und den Gläubigen verboten, Zwang in Glaubensangelegenheiten anzuwenden (Sure 10 Vers 100). Der Grund dafür liegt in dem Geheimnis der Schöpfung: Dem Menschen wurden schließlich der freie Willen und die Fähigkeit zur Einsicht oder zur Ablehnung gegeben. Dies erst befähigt ihn – so die islamische Philosophie – sich Belohnung zu erwerben, also intellektuell, moralisch und spirituell zu wachsen.

Dem Propheten sei deswegen von Allah aufgetragen worden, jeden Spott, jede Erniedrigung und jede Beleidigung, selbst Verfolgung geduldig zu ertragen. Im Koran heißt es dazu unter anderem: »*Wohl sind vor dir Gesandte als lügenhaft gescholten worden; doch obwohl sie verleugnet und verfolgt wurden, blieben sie geduldig, bis Unsere Hilfe zu ihnen kam.*« (Sure 6 Vers 35). So gibt es verständlicherweise im Koran auch keine Anweisung, dass Beleidigung des Propheten oder Blasphemie jeglicher Art durch eine weltliche Gerichtsbarkeit strafbar seien. Alles, was der Prophet bzw. die Gläubigen in solchen Situationen zu tun hätten, wäre zu ermahnen, sich gegebenenfalls durch die Richtigstellung falscher Behauptungen zu rechtfertigen und zu beten. Exemplarisch dafür ist die Sure 109 des Koran, die als Manifest der völligen Freiheit des Individuums in Bezug auf Glaubensfragen angesehen wird. Hier wird deutlich, dass Bestrafung von Ungläubigen nur wegen des Umstands, dass sie nicht glauben wollen, nicht im Sinne des Koran ist. Die Sure lautet:

»*Im Namen Allahs, des Gnädigen, des Barmherzigen. Sprich: ›O ihr Ungläubigen! Ich verehre nicht das, was ihr verehret, noch verehrt ihr das, was ich verehre. Und ich will das nicht verehren, was ihr verehret; noch wollt ihr das verehren, was ich verehre. Euch euer Glaube, und mir mein Glaube.*«

Dass Blasphemie dennoch immer wieder in so genannten islamischen Staaten unter Strafe gestellt wird, ist religiös nicht legitimierbar. Wenn sich – wie beispielsweise in Pakistan – Mullahs mit dem Ansinnen durchsetzen, die Beleidigung des Propheten müsse mit der Todesstrafe geahndet werden, so öffnet das der Verleumdung des Islam und allen möglichen Formen des Hasses Tür und Tor. Ideen, so ist die theologisch richtige Einsicht aus der Perspektive des Islam, können nicht mit Gewalt bekämpft werden. Sie müssen mit Ideen bekämpft werden.

## Der Umgang der Islamisten mit dem Koran

In der Tat verfügen die islamischen Verfechter von Gewalt und Zwang im Namen des Glaubens in der Regel über geringe Kenntnisse des Koran. Stattdessen pflegen sie Verse des Koran aus ihrem Zusammenhang zu reißen und sie ihren eigenen Zwecken gemäß zu interpretieren. Sie sind in den Regeln der islamischen Gelehrsamkeit, also der Interpretation des Koran gemäß der anerkannten Ulema, nicht bewandert. Ihr Verständnis beschränkt sich meist auf Äußerlichkeiten, ihre Ziele sind vordergründig. Nicht Mitleid bewegt sie, sondern der Wunsch nach Rache. Sie streben nicht danach, die Forderung des Koran zu erfüllen: nämlich die Eigenschaften Gottes in sich selbst umzusetzen und zum Beispiel Geduld zu üben, sich als weise Lehrer der Unwissenden zu bewähren und Tugenden wie Verzeihung, Nachsicht oder unparteiische Gerechtigkeit zu praktizieren. Das Einzige, was sie unnachgiebig immer wieder fordern, ist die Anwendung von Gewalt.

Im Einzelnen stützen sie sich dabei auf die folgenden Verse des Koran, die sie ungeachtet ihrer historischen

Grundlagen interpretieren. Das bedeutet, dass sie weder die Situation, für die sie offenbart worden waren, berücksichtigen, noch die darin liegenden Implikationen oder daraus entstehenden Forderungen, zum Beispiel die Notwendigkeit, sich selbst oder die Glaubensfreiheit zu verteidigen. Dabei ergeben diese Verse ihren Sinn nur, wenn sie im Zusammenhang gesehen werden, so wie sie der Prophet Mohammed verstand und in die Tat umsetzte. Der Koran kann nur verstanden und interpretiert werden, wenn man seine Verse nicht aus dem Zusammenhang reißt. Dabei ist zum einen seine eigene innere Logik zu beachten, zum anderen, in welcher und für welche Situation die Verse offenbart wurden. Diese Vorgehensweise ist eine Grundvoraussetzung islamischer Theologie, wie sie seit der Zeit des Propheten Mohammed besteht. Eine Auslegung von Versen des Koran, die anderen Versen widerspricht, ist nicht erlaubt. Gleichermaßen ist es nicht zulässig, Verse des Koran auf eine Weise zu interpretieren, die den überlieferten Worten und Handlungsweisen des Propheten nicht entspricht. Wir können den Djihad Saghir, die Anstrengung auf dem Wege Allahs mit Hilfe von Waffen, nur so sehen, wie der Prophet ihn sah und wie ihn der Koran darstellt. Wer das – wie die terroristischen Islamisten – nicht tut, entfernt sich vom Islam.

Im Folgenden werden vier Stellen aus dem Koran angeführt, auf die sich jene Mullahs und Terroristen, die Zwang und Gewalt in Glaubensdingen als muslimische Pflicht ansehen, beziehen.

### Sure 2 Verse 191 bis 194

*»Und kämpfet für Allahs Sache gegen jene, die euch bekämpfen, doch überschreitet das Maß nicht, denn Allah liebt nicht die Maßlosen. Und*

*tötet sie, wo immer ihr auf sie stoßt, und vertreibt sie von dort, von wo sie euch vertrieben; denn Verfolgung ist ärger als Totschlag. Bekämpft sie aber nicht bei der Heiligen Moschee, solange sie euch dort nicht angreifen. Doch wenn sie euch angreifen, dann kämpft wider sie; das ist die Vergeltung für die Ungläubigen. Wenn sie jedoch ablassen, dann ist Allah allvergebend, barmherzig. Und bekämpfet sie, bis die Verfolgung aufgehört hat und der Glauben an Allah (frei) ist. Wenn sie jedoch ablassen, dann (wisset), daß keine Feindschaft erlaubt ist, außer wider die Ungerechten.«* (Sure 2 Verse 191 bis 194).

Diese Verse wurden um die Zeit der Schlacht bei Badr (624) offenbart und ergänzen die grundlegende Erklärung, wann Djihad erlaubt ist, die in der 22. Sure erteilt worden war. Schon der erste Satz macht deutlich, dass ein Kampf voraussetzt, dass die Muslime »bekämpft« werden. Der defensive Charakter des Djihad ist klar vorgeschrieben. Er wird im weiteren Text noch einmal betont, wenn es heißt, dass die Muslime die Angreifer von dort vertreiben sollen, wo sie siedeln, nachdem diese die Muslime von dort vertrieben haben. Die Kriegshandlungen sind aber unverzüglich einzustellen, wenn die Feinde vom Kampf »ablassen«. Wenn es keine Verfolgung durch jene gibt, die die Gläubigen vernichten wollen, dann ist Frieden zu schließen. Wenn die Verfolgung aufhört, ist der Glaube frei. Eine Anweisung, so lange zu kämpfen, bis die Ungläubigen gläubig geworden sind, findet sich hier nicht. Zudem gibt der letzte Vers dieses Auszugs aus der zweiten Sure an, dass die Muslime sich um Freundschaft mit ihren Feinden bemühen sollen, wenn sie erkennen, dass sie gerecht sind. An keiner Stelle in den zitierten Versen ist gesagt, dass ein heiliger Krieg gegen Ungläubige mit der Zielsetzung erklärt werden soll, sie zum Glauben an den Islam zu zwingen.

## Sure 4 Verse 73 bis 77, 85

»*Unter euch ist wohl mancher, der zurückbleibt, und wenn euch ein Unglück trifft, sagt er:* ›*Wahrlich, Allah ist gnädig zu mir gewesen, daß ich nicht bei ihnen zugegen war.*‹ *Begegnet euch aber ein Glück von Allah, dann sagt er, als wäre keine Freundschaft zwischen euch und ihm:* ›*Wäre ich doch bei ihnen gewesen, dann hätte ich einen großen Erfolg errungen!*‹ *Lasst also solche für Allahs Sache kämpfen, die das irdische Leben hinzugeben gewillt sind für das zukünftige. Und wer für Allahs Sache ficht, ob er fällt oder siegt, Wir werden ihm bald großen Lohn gewähren. Und was ist euch, daß ihr nicht kämpfet für Allahs Sache und für die der Schwachen – Männer, Frauen und Kinder –, die sprechen:* ›*Unser Herr, führe uns heraus aus dieser Stadt, deren Bewohner Bedrücker sind, und gib uns von Dir einen Beschützer, und gib uns von Dir einen Helfer.*‹ *Die da glauben, kämpfen für Allahs Sachen und die nicht glauben, kämpfen für die Sache des Bösen. Kämpft darum wider die Freunde Satans! Denn gewiß, Satans Feldherrnkunst ist schwach (...) Kämpfe darum für Allahs Sache – du wirst für keinen verantwortlich gemacht, als für dich selbst – und sporne die Gläubigen an. Vielleicht wird Allah den Krieg der Ungläubigen aufhalten; und Allah ist stärker im Krieg und strenger im Strafen.*« (Sure 4 Verse 73 bis 77, 85).

Diese Verse (entstanden 626 nach der Schlacht bei Uhud) beschäftigen sich zunächst mit den Heuchlern unter den Gläubigen: Jene Menschen, die sich im Fall eines Erfolgs auf die Seite der Sieger stellen, und im Fall einer Niederlage betonen, sie hätten Recht daran getan, nicht zu kämpfen. Die Verse bieten eine Analyse heuchlerischen Verhaltens und fordern diese Menschen damit gleichzeitig dazu heraus, über den Grund ihrer Wankelmütigkeit nachzudenken. Weiter heißt es dann, dass in der islamischen Armee jene unerwünscht sind, die nicht wirklich glauben und den Sinn des Lebens nicht verstehen. Der besteht – laut Koran – darin, das Dasein auf der Erde als eine Art Schule zu begreifen, die befähigen soll, im Jenseits, dem wahren Leben, wie der Koran sagt, zu existieren. Da die Bedingungen des Jenseits rein geistiger Natur sind und über das erhaben, was die Erde zu bieten vermag, sollen die wirklich gläubigen Muslime sich nicht übermäßig an das Irdische klammern. Sie sollen dazu bereit sein, notfalls für das Volkswohl zu sterben. Ihr Lohn sei bei Gott. Da von Heuchlern hier kein Verständnis zu erwarten sei, und zudem die Gefahr bestünde, dass sie nicht mit vollem Ernst kämpften, fordern diese Verse, dass man sich vor ihnen hüten solle. Ein wichtiger Grund dafür sei auch, dass sie eventuell die Stimmung im Heer untergraben und vielleicht jene mit ihrem Zweifel anstecken würden, die zwar aufrecht, aber noch nicht gefestigt sind.

Der Vers in diesem Abschnitt, der den Muslimen klarmacht, für was sie eigentlich kämpfen, nämlich das Wohl der Bedrückten, wird von vielen Mullahs und von Terroristen wie Osama bin Laden gerne als Vorwand für ihre martialischen Aufrufe zum »heiligen Krieg« genommen. Sie meinen, für Allahs Sache kämpfen zu müssen, weil ihnen das Los der Notleidenden dies auferlege. Indes wird in der Aussage, dass »Satans

Feldherrenkunst schwach« sei, erläutert, worin die so genannten Ungläubigen ihr Ziel sehen. Satan ist nicht als reale Gestalt aus Fleisch und Blut zu verstehen, sondern als ein Symbol für Verhaltensweisen, die hohe Werte vermissen lassen. Das macht auf der anderen Seite deutlich, dass das, wofür die Muslime einstehen und kämpfen, sich von den Freunden Satans unterscheiden muss. Wenn es beispielsweise eine satanische Verhaltensweise ist, sich als Tyrann aufzuspielen und die Menschen zu unterdrücken, dann muss der gläubige Muslim genau das Gegenteil davon machen. Jenen Mullahs, die fanatischen Terroristen nahe stehen, ist genau die Nichtbefolgung dieser Anweisung vorzuhalten. Letztlich bewegen sie sich exakt auf der Ebene, auf der sie selbst den Satan ansiedeln. Die Bedrückten, die sie angeblich vor weiterem Unheil bewahren wollen, dienen ihnen nur als Vorwand, um ihre eigenen egoistischen Interessen durchzusetzen. Ihr Ziel besteht nicht darin, die Menschen von dem zu befreien, wofür das Symbol Satan steht, sondern sie von sich abhängig zu machen, sich als deren Herren aufzuspielen und sie ihrem Zwang zu unterwerfen.

Dieses Verhalten finden wir exemplarisch bei den Taliban in Afghanistan. Dieses Terror-Regime tut sich ja gerade dadurch hervor, dass es seine Untertanen gewaltsam daran hindert, ihrem Gewissen zu folgen. Indem das afghanische Volk durch die talibanischen Milizen gezwungen wird, gemäß einer durch die Taliban pervertierten Form des Islam zu leben, die mit den Geboten und Verboten der Weltreligion Islam nicht mehr viel gemein hat, wurde ihm die vom Koran geforderte Glaubensfreiheit genommen. Es scheint, als solle – wenn es nach den Taliban geht – nicht Allah der Herr der Menschen sein, sondern sie selbst. Schließlich maßen sie sich an, den Islam besser zu verstehen als der

Prophet Mohammed. Wie unhaltbar das Gedankengebäude derjenigen ist, die diese Verse als Motiv für die
Ausrufung des Djihad heranziehen, macht der Vers 85,
der oben zitiert wurde, einsichtig. In ihm sagt Allah
von sich, dass er die Möglichkeit habe, »den Krieg der
Ungläubigen« aufzuhalten. Das zeigt, dass die Ungläubigen den Krieg angefangen haben müssen, damit die
Bedingungen für den Djihad erfüllt sind. Das heißt
aber nicht, dass die Muslime willkürlich alle angreifen
dürfen, denen sie unterstellen, keine Werte zu haben
oder die Werte Satans zu vertreten. Jene, die den Bedrückten helfen, aus ihrer schwierigen Lage herauszu-
kommen, können ebenso Werte wie Menschenfreund-
lichkeit, Hilfsbereitschaft, Barmherzigkeit und Sinn für
Gerechtigkeit vertreten und trotzdem Ungläubige sein,
in dem Sinne, dass sie den Glauben der Muslime an den
Propheten Mohammed als den Gesandten Allahs nicht
teilen. All dies besagt, dass sie keineswegs »für die Sache des Bösen« kämpfen oder einstehen, vielmehr nur
für eine andere Vorstellung von menschenwürdigem
Leben. Die hier angeführten Verse können somit auf
keine Weise den islamistischen Mullahs und Terroristen
als Rechtfertigung für einen Djihad der Art dienen, den
zu führen sie sich verpflichtet wähnen.

### Sure 8 Verse 56 bis 68

*»Wahrlich, die schlimmsten Tiere vor Allah sind
jene, die undankbar sind. Darum wollen sie nicht
glauben – jene, mit denen du einen Bund schlos-
sest; dann brechen sie jedesmal ihren Bund, und
sie fürchten Gott nicht. Darum, wenn du sie im
Kriege anpackst, jage mit ihrem (Los) denen
Furcht ein, die hinter ihnen sind, auf daß sie ermahnt seien. Und wenn du von einem Volke Ver-*

räterei fürchtest, so verwirf (den Vertrag) gegenseitig. Wahrlich, Allah liebt nicht die Verräter. Laß nicht die Ungläubigen wähnen, sie hätten (Uns) übertroffen. Wahrlich, sie können nicht obsiegen. Und rüstet wider sie, was ihr nur vermögt an Streitkräften und berittenen Grenzwachen, damit in Schrecken zu setzen Allahs Feind und euren Feind und außer ihnen andere, die ihr nicht kennt; Allah kennt sie. Und was ihr auch aufwendet für Allahs Sache, es wird euch voll zurückgezahlt werden, und es soll euch kein Unrecht geschehen. Sind sie jedoch zum Frieden geneigt, so sei auch du ihm geneigt und vertraue auf Allah. Wahrlich, Er ist der Allhörende, der Allwissende. Wenn sie dich aber hintergehen wollen, so ist Allah fürwahr deine Genüge. Er hat dich gestärkt mit Seiner Hilfe und mit den Gläubigen. Und Er hat Liebe in ihre Herzen gelegt. Hättest du auch alles aufgewandt, was auf Erden ist, du hättest doch nicht Liebe in ihre Herzen zu legen vermocht, Allah aber hat Liebe in sie gelegt. Wahrlich, Er ist allmächtig, allweise. O Prophet, Allah ist deine Genüge und derer unter den Gläubigen, die dir folgen. O Prophet, feuere die Gläubigen zum Kampf an. Sind auch nur zwanzig Standhafte unter euch, sie sollen zweihundert überwinden; und sind hundert unter euch, sie sollen tausend überwinden von denen, die ungläubig sind, weil das ein Volk ist, das nicht versteht. Jetzt aber hat Allah euch eure Bürde erleichtert, denn Er weiß, daß in euch Schwachheit ist. Wenn also unter euch hundert Standhafte sind, so sollen sie zweihundert überwinden; und wenn tausend unter euch sind, so sollen sie zweitausend überwinden nach Allahs Gebot. Und Allah ist mit den Standhaften. Einem

*Propheten geziemt es nicht, Gefangene zu machen,*
*ehe er sich auf kriegerischen Kampf einlassen muß*
*im Land. Ihr wollt die Güter dieser Welt.*
*Allah aber will (für euch) das Jenseits. Und Allah*
*ist allmächtig, allweise.«* (Sure 8 Verse 56 bis 68).

In dieser wichtigen Passage (ebenfalls um 624 entstanden) über den Djihad geht es zunächst darum zu klä-
ren, dass der Verrat eines Bündnispartners notfalls
auch ein gewalttätiges Eingreifen der Muslime bedin-
gen kann. Wenn ein Volk oder eine Partei, mit dem die
Muslime einen Pakt geschlossen haben, sich als wort-
brüchig erweist und somit die Muslime quasi einem
Angriff ausliefert, ist es geboten, Gegenmaßnahmen zu
ergreifen. Würden die Muslime in so einem Fall nichts
unternehmen, würden sie Zustände billigen, die ihren
Untergang herbeiführen könnten. Zugleich ist in den
Versen auch davon die Rede, milde zu sein und bei er-
sichtlicher Anstrengung der Gegenseite Frieden zu
entbieten, sofort bedingungslos darauf einzugehen.

Deutlich wird hier auch ausgesprochen, was eigentlich die Stärke der Muslime ausmacht. Ihr wesentlicher
Verdienst liegt nicht darin, Vorsichtsmaßnahmen zu ergreifen, um für einen Verteidigungsfall gerüstet zu sein,
oder Stärke zu demonstrieren, um potenzielle Feinde
abzuschrecken. Er liegt allein darin, sich der Gnade Allahs würdig zu erweisen, der ihnen höchste menschliche
Gefühle verlieh, nämlich Gefühle der Liebe. Dies soll sie
von jenen unterscheiden, die nur aus egoistischen Interessen heraus handeln und denen die Muslime nicht
nacheifern sollen. Das bedeutet auch, dass sie nicht dem
Irrtum verfallen sollen, weltlichen Erfolg, den ein Krieg
mit sich bringen kann, als Ziel ihrer Bestrebungen und
Anstrengungen, also des Djihad, anzusehen. Sie sollen
verstehen, dass die Bereiche der reinen Seele ihre wahre

Heimat sind. Eine Erlaubnis zu aggressivem Kampf oder gar Terror lässt sich aus diesen Versen nicht ableiten. Sie sprechen vielmehr davon, dass eine Gegenreaktion durch Muslime, die hintergangen und verraten wurden, erforderlich ist, um sich vor zukünftigen Gefahren zu schützen. Solche könnten entstehen, wenn man jene ungestraft gewähren ließe, die die Bündnistreue schamlos verletzen und die Muslime dem Feind ausliefern.

## Sure 9 Verse 1, 4 bis 6, 13 bis 15, 29

»*Eine Lossprechung Allahs und Seines Gesandten (von jeglicher Verpflichtung) gegenüber den Götzendienern, denen ihr etwas versprochen habt.*
*(...)*
*Mit Ausnahme jener Götzendiener, mit denen ihr einen Vertrag eingegangen seid und die es euch nicht an etwas haben gebrechen lassen und nicht andere wider euch unterstützt haben. Diesen gegenüber haltet den Vertrag, bis zum Ablauf der Frist. Wahrlich, Allah liebt die Gerechten. Und wenn die verbotenen Monate* (in denen Krieg zu führen nicht erlaubt ist, Anm. des Autors) *verflossen sind, dann tötet die Götzendiener, wo ihr sie trefft, und ergreift sie, und belagert sie, und lauert ihnen auf in jedem Hinterhalt. Bereuen sie aber und verrichten das Gebet und zahlen die Zakat, dann gebt ihnen den Weg frei. Wahrlich, Allah ist allverzeihend, barmherzig. Und wenn einer der Götzendiener bei dir Schutz sucht, dann gewähre ihm Schutz, bis er Allahs Wort vernehmen kann; hierauf lasse ihn die Stätte seiner Sicherheit erreichen. Dies, weil sie ein unwissendes Volk sind.*
*(...)*

*Wollt ihr nicht kämpfen wider ein Volk, das seine
Eide gebrochen hat und das den Gesandten zu
vertreiben plante – und sie waren es, die zuerst
(den Streit) wider euch begannen? Fürchtet ihr sie
etwa? Allah ist würdiger, daß ihr Ihn fürchtet,
wenn ihr Gläubige seid. Bekämpfet sie; Allah
wird sie strafen durch eure Hand und sie demüti-
gen und euch verhelfen wider sie und Heilung
bringen den Herzen eines gläubigen Volks; und Er
wird den Zorn aus ihren Herzen bannen. Denn
Allah kehrt Sich gnädig dem zu, den Er will. Und
Allah ist allwissend, allweise.
(...)
Kämpfet wider diejenigen aus dem Volk der
Schrift, die nicht an Allah und an den Jüngsten
Tag glauben und die nicht als unerlaubt erachten,
was Allah und Sein Gesandter als unerlaubt erklärt haben, und die nicht dem wahren Bekenntnis folgen, bis sie aus freien Stücken den Tribut
entrichten und ihre Unterwerfung anerkennen.«*
(Sure 9 Verse 1, 4 bis 6, 13 bis 15, 29).

Wie schon angedeutet, stehen viele Verse des Koran in
einem konkreten Zusammenhang mit Ereignissen aus
dem Leben des Propheten Mohammed. Sie wurden offenbart als deutliche Anweisung, wie der Prophet und
die mit ihm Glaubenden sich in bestimmten Situationen zu verhalten haben und sind daher nicht losgelöst
von diesen tatsächlichen Ereignissen zu lesen. Will man
sie auf andere Zeiten anwenden, muss man im Auge behalten, unter welchen Umständen sie zunächst gegol-
ten haben. Es würde jeglicher islamischer Theologie,
und darüber besteht unter den Gelehrten kein Zweifel,
widersprechen, würde man sie aus dem historischen
Zusammenhang reißen und nach Gutdünken anwen-

den. Deswegen sind jene, die aus den eben zitierten Versen lesen wollen, sie hätten die Freiheit, nach Belieben Verträge einseitig zu lösen oder ihre selbst ernannten Feinde hinterrücks, sprich terroristisch, zu überfallen, nicht im Mindesten im Einklang mit der allgemein anerkannten Lesart der Exegese.

Die zuletzt zitierten Verse schildern, wie der Prophet Mohammed sich in der konkreten historischen Situation verhalten sollte, die nach dem Fall von Mekka entstanden war. Mohammed war es gelungen, Mekka ohne Blutvergießen zu erobern. Seinen einstigen Erzfeinden gegenüber hatte der Prophet eine umfassende Amnestie ausgesprochen. Indes wurde er in der Folge mit einer Reihe von Problemen konfrontiert, die sich zum einen aus dem Verhalten jener ergaben, die im Koran »Heuchler« genannt werden. Dies bezeichnet zum Beispiel jene Araber, die ihren Worten nach den Islam annahmen, sich aber in der Praxis nicht daran hielten und sogar offen oder verdeckt gegen ihn agitierten. Von diesen heißt es, dass sie bekämpft werden sollten, weil sie die entstandene Ordnung im Lande wieder umstürzen wollten. Wenn sie nun, wie anfangs von ihnen gesagt, den Glauben wieder praktizierten und zudem die Zakat (Steuer, die von allen Muslimen zu entrichten ist) zahlten, würden sie nicht bekämpft werden. Wenn sie aber weiter versuchten einen Bürgerkrieg zu entfachen, gäbe es keine andere Möglichkeit für einen Frieden als den Kampf mit ihnen. Und was ihren Glauben betrifft, so würde er nicht erzwungen werden. Sie könnten sogar zu ihrem alten Glauben, also der Verehrung von mehreren Göttern, zurückkehren, wenn sie friedlich blieben und nicht versuchten, den Islam zu bekämpfen. Zudem gab es einige arabische Stämme, die sich nicht mit der neuen Lage, die nach dem Fall von Mekka und der Errichtung des islamischen Staates entstanden war, abfinden wollten. Sie waren nicht bereit, die bestehende Ordnung, das heißt den Friedenszustand und die Glaubensfreiheit, zu akzeptieren. Sie zogen es weiterhin vor, gemäß ihren alten Sitten und Gebräuche, von Überfällen und Raubzügen zu leben und brachen nach Gutdünken jede Form von Vereinbarung. Diesen Stämmen gegenüber sollte sich der Prophet nicht länger verpflichtet fühlen. Sie befanden sich im Kriegszustand mit den Muslimen und denen, die sich ihnen angeschlossen hatten. Bevor nicht jene heiligen Monate verflossen waren, in denen es nach altem Brauch verboten war, Krieg zu führen, gab es keine Möglichkeit, das Land zu befrieden und den Zustand des Terrors, den diese Stämme ausübten, zu beenden. Danach aber, so besagen diese Verse, sollten die Muslime nichts unversucht lassen, um Ruhe und Ordnung im Land herzustellen.

Der letzte der hier erwähnten Verse handelt von jenen jüdischen Stämmen, die immer wieder Unruhen anzettelten und versuchten, die herrschende Ordnung umzustürzen. Es ist hier nicht die Rede davon, dass sie ihren Glauben gar nicht praktizieren durften, oder nur dann, wenn sie die Steuer (Tribut) zahlten, die allen im islamischen Herrschaftsbereich Lebenden auferlegt ist. Die Glaubensfreiheit ist in Textstellen des Koran vielfach eindeutig garantiert. Zudem ist unbestritten, dass gerade die Völker der Schrift – wie der Koran es ausdrückt –, das heißt jene, die an ein Buch Gottes, etwa die Bibel, glauben, besondere Wertschätzung durch die Muslime genießen. Im Vergleich zu den »Götzendienern« haben sie sogar einen besonderen Status inne, so dass sie selbst in einer so rigiden Staatsform, wie sie heute beispielsweise im Iran herrscht, besondere Rechte genießen. Dazu zählen etwa ihnen speziell zugesicherte Sitze im Parlament und die Religionsfreiheit.

Doch in der Situation im damaligen Arabien gab es Stämme, die eine Herrschaft durch die Muslime nicht akzeptieren wollten und sie gewaltsam zu bekämpfen suchten. Ihnen gegenüber war der Djihad erlaubt, bis sie den gewaltsamen Widerstand aufgaben und sich wie friedliche Einwohner des neuen Staates verhielten. In späteren Zeiten galten ähnliche Bedingungen. Denjenigen, die nicht an den Islam glaubten, war es jeweils verwehrt, in der muslimischen Armee zu dienen. Als Ausgleich dafür, dass sie von den Entbehrungen und finanziellen Einbußen, die eine Armeezugehörigkeit mit sich brachte, nicht betroffen waren, mussten sie eine spezielle Steuer, die Jizya, entrichten.

Wenn Extremisten die zitierten Verse für ihre Propaganda benutzen und behaupten, die Koranstelle würde es gestatten, gegen jene, die nicht Muslime sind, nur deswegen in den Krieg zu ziehen, weil sie ungläubig sind in dem Sinne, dass sie den Propheten Mohammed nicht als Propheten anerkennen, ist das schlichtweg unzulässig. Eine derartige Auslegung, die in erster Linie dazu dient, Gewalt unter dem Schutzmantel der Religion zu legitimieren, ist willkürlich und falsch. Sie lässt sich nur bewerkstelligen, wenn man den Sinn der Verse ideologisch verzerrt und sie aus dem historischen und vernunftgemäßen Zusammenhang reißt. Eine derartige Lesart der Verse dient lediglich einer religiösen Verbrämung von Hass und Aggression. Sie verfolgt nur allzu oft in erster Linie das Ziel, ungebildete Massen im Namen der Heiligen Schrift zu mobilisieren. Dabei steht sie im absoluten Gegensatz zu all dem, was nach Deutung des Koran immer wieder als Bedingung und Voraussetzung für einen Djihad angeführt worden ist.

Wenn Mullahs und Terroristen zumal den zuletzt zitierten Vers aus seinem Kontext nehmen und ihn im Widerspruch zu jenen grundlegenden Versen des Koran auslegen, die genau festlegen, in welchen Fällen Djihad erlaubt ist (Sure 22 Verse 40 bis 42), zeigt dies, wie weit sie sich von der allgemein anerkannten Interpretation des Koran entfernt haben – und wie wenig ernst es ihnen mit jener Heiligen Schrift ist, auf die sie sich unablässig berufen. Sie gleichen jenen, von denen es in der Sure 56 Vers 80 heißt, dass sie nicht den Koran »berühren«, also verstehen können, da sie nicht von selbstsüchtigen Motiven gereinigt sind.

Manche Mystiker vergleichen die starke Metaphorik dieser Verse, die so deutlich von Gewaltanwendung reden, mit jener des Mittleren Djihad, also der Verbreitung der Wahrheit mit dem Wort, und des Großen Djihad, den Kampf gegen eigene Schwächen, Fehler und Sünden. Fest steht jedoch in jedem Fall, dass der Koran ohne Wenn und Aber die Anwendung von Gewalt zur Bekehrung Andersgläubiger ausdrücklich und unmissverständlich verbietet. Aus all den in diesem Kapitel zitierten Versen geht eindeutig hervor, dass es sich beim Djihad Saghir, also dem Kleinen Djihad durch Anwendung von Gewalt, stets um Akte der Selbstverteidigung handeln muss und dass jene Willkürakte, derer die Terroristen und ihre geistigen Wegbereiter sich rühmen, nichts mit dem im Koran vorgestellten Konzept vom Djihad zu tun haben. Etliche Verse, die das belegen, wurden bereits angeführt. Erwähnt sei hier abschließend noch der Vers 109 der Sure 10, in dem es heißt: »*Sprich: ›O ihr Menschen, nun ist die Wahrheit zu euch gekommen von eurem Herrn. Wer nun dem rechten Weg folgt, der folgt ihm allein zum Heil seiner eigenen Seele, und wer in die Irre geht, der geht nur zu seinem eigenen Schaden irre. Und ich bin nicht ein Hüter über euch.‹*«

# Die Frage nach der Legitimation des Märtyrertums im Islam

Der Wunsch, sein Leben – also das höchste Gut, das einem Menschen gewährt wurde – in den Dienst Gottes zu stellen und für ihn zu opfern, kann viele verschiedene Formen annehmen. Es als Märtyrer im Kampf zu verlieren, ist nur eine Möglichkeit unter anderen. Der Prophet Mohammed hatte zum Beispiel gesagt: *»Die Tinte eines Gelehrten ist wertvoller als das Blut eines Märtyrers.«*

Sicherlich schließt in der Philosophie des Islam die völlige Hingabe an Allah ein, dass der Muslim seine egoistischen Neigungen zu überwinden versucht: und zwar in dem Sinne, dass er, auf der höchsten Stufe der Selbstüberwindung, sein Eigeninteresse vollkommen aufgibt und somit selbstlos wird und wirkt. Im Koran wird diese Aufgabe in einem Gebet ausgedrückt, das in Sure 6 Vers 163 und 164 zu finden ist. Darin heißt es: *»Sprich: ›Mein Gebet und mein Opfer und mein Leben und mein Tod gehören Allah, dem Herrn der Welten. Er hat niemanden neben Sich. Also ist mir geboten, und ich bin der erste der Gottergebenen.‹«* Und in einem Gedicht des Mahdi Mirza Ghulam Ahmad findet sich in diesem Zusammenhang der Vers: *»Denn wahre Liebe besteht nur darin, dass man selbst sein Leben freudig übergeben sollte in die Hände des Geliebten.«* (Zitiert nach der islamischen Frauenzeitschrift »Nuur – für Frauen«, Heft Nr. 1; »Nuur« ist ein Name Allahs, der »Licht« bedeutet).

# Diesseits und Jenseits

Eine Todessehnsucht, die diejenigen, die einen Märtyrertod anstreben, zu beseelen scheint, ist indes nicht im Sinne des Islam. Zumindest, wenn wir auf jene hören, die in seiner Geschichte als Mystiker und Gelehrte, wie Jalaluddin Rumi oder Ibn Arabi, dauerhafte Spuren hinterlassen haben. Ihnen zufolge ist eine Sekunde im Diesseits besser als tausend Jahre im Jenseits. Der Geist des Islam ist von der Lebensbejahung geprägt. Das darf man allerdings nicht mit einer Vorstellung vom Dasein gleichsetzen, die den Sinn des Lebens allein in der Befriedigung der Sinne sieht. Im Koran heißt es dazu:

>*Hast du den gesehen, der sich sein eigen Gelüst zum Gott nimmt und den Allah zum Irrenden erklärt auf Grund (Seines) Wissens und dem Er Ohren und Herz versiegelt und auf dessen Augen Er eine Decke gelegt hat? Wer sollte ihn wohl richtig führen außer Allah? Wollt ihr euch da nicht ermahnen lassen?*« (Sure 45 Vers 24).

Der Islam lehrt nicht Kasteiung und Härte, sondern, einem Wort des Propheten zufolge, den »mittleren Weg«. Extreme sind ihm fremd. Deshalb ist es unverständlich, dass es im islamischen Kulturkreis Theoretiker gibt – als Beispiel sei Maulana Maudoodi genannt, ein Wegbereiter des modernen militanten Islamismus –, und darüber hinaus solche, die deren Ideen in die Tat umsetzen, also deren extremistischen Vorstellungen anhängen. Allenfalls lässt sich vermuten, dass diese Menschen auf dem Pfad der Verzweiflung gelandet sind, vor dem der Koran indes ausdrücklich warnt. Sie haben den Weg des Gebets und der Geduld verlassen, obwohl Allah im Koran ausdrücklich mahnt: »*O die ihr glaubt,* sucht Hilfe in Geduld und Gebet; Allah ist mit den Standhaften.« (Sure 2 Vers 154).

## Tod und Glauben

Bereits der folgende Vers aber bezieht sich auf jene, die auf dem Wege ihres Glaubens den Tod gefunden haben:

> »Und sagt nicht von denen, die für Allahs Sache erschlagen werden, sie seien tot; nein, sie sind lebendig; nur begreift ihr es nicht. Wahrlich, Wir werden euch prüfen mit ein wenig Furcht und Hunger und Verlust an Gut und Leben und Früchten; doch gib frohe Botschaft den Geduldigen, die sagen, wenn ein Unglück sie trifft: ›Wahrlich, Allahs sind wir und zu Ihm kehren wir heim.‹« (Sure 2 Verse 155 bis 157).

Im Zusammenhang gelesen, wird in dieser Passage zum einen deutlich gemacht, dass ein Glaube nichts wert ist, wenn er keiner Prüfung standhält. Erst durch diese erfährt der Gläubige, welchen Stand er tatsächlich hat bzw. welche Illusionen bezüglich seines Ranges er hegt. Zum anderen besagt diese Stelle, dass ein Muslim stets darauf vorbereitet sein muss, sein Leben – durch welche Umstände auch immer – zu verlieren. Deshalb muss er sich seiner Verantwortung bewusst sein, sein Leben immer so zu führen, dass er auch bei einem überraschenden Tod im Zustand der Gottergebenheit stirbt. Er soll also bereit sein, das irdische Leben hinzugeben für das zukünftige (Sure 4 Vers 75).

Diese Haltung wird im Christentum in dem Wort »Tod, wo ist dein Stachel, Hölle, wo ist dein Sieg?«

(1. Korinther 15 Vers 55) ausgedrückt. Auch dies meint nicht, dass man sein Leben sinnlos wegwerfen soll oder sich bewusst zu Aktionen hinreißen lassen darf, durch die man sein Leben verliert.

## Islam contra Selbstmord

Selbstmord ist im Islam wie im Christentum ausdrücklich verboten:

> *»Zu sterben steht niemandem zu, es sei denn mit Allahs Erlaubnis – ein Beschluß mit vorbestimmter Frist. Und wer den Lohn dieser Welt begehrt, Wir werden ihm davon geben; und wer den Lohn des zukünftigen Lebens begehrt, Wir werden ihm davon geben; und Wir werden die Dankbaren belohnen. Und so manchen Propheten hat es gegeben, an dessen Seite zahlreiche Scharen kämpften. Sie zagten nicht, was immer sie auch auf Allahs Weg treffen mochte, noch wurden sie schwach, noch demütigten sie sich (vor dem Feind). Und Allah liebt die Standhaften. Und sie sagten kein Wort, es sei denn, daß sie sprachen: ›Unser Herr, vergib uns unsere Irrtümer und unsere Vergehen in unserem Betragen und festige unsere Schritte und hilf uns gegen das ungläubige Volk.‹ So gab ihnen Allah den Lohn dieser Welt wie auch einen herrlichen Lohn im Jenseits; und Allah liebt, die Gutes tun.«* (Sure 3 Verse 146 bis 149).

Wer aus dem ersten Satz dieses Koran-Verses schließt, dass jemand, der ein Selbstmordattentat begeht, dies mit Erlaubnis von Allah tue, übersieht Folgendes: Zum

118

einen geht aus den folgenden Sätzen und Versen hervor, dass es im Sinne Allahs wäre, standfest zu bleiben und kontinuierlich für sein Ziel um Allahs willen zu arbeiten, auf dass man sowohl in dieser Welt als auch in der nächsten »belohnt« würde. Zum anderen bestünde die Belohnung Allahs aber in einem »reinen Leben« in Seelenfrieden. Dazu heißt es im Koran:

»*Was bei euch ist, vergeht, und was bei Allah ist, besteht. Und Wir werden gewißlich denen, die standhaft sind, ihren Lohn bemessen nach dem besten ihrer Werke. Wer recht handelt, ob Mann oder Weib, und gläubig ist, dem werden Wir gewißlich ein reines Leben gewähren; und Wir werden gewißlich solchen ihren Lohn bemessen nach dem besten ihrer Werke.*« (Sure 16 Verse 97 und 98).

Der Koran verlangt, dass der Muslim sich Allah gänzlich unterwirft und nicht seinen eigenen egoistischen Vorstellungen Raum lässt. Zuflucht bei Allah vor dem Bösen zu suchen und nach dem »Weg der Vereinigung« mit Allah zu streben (Sure 5 Vers 36), das ist der Weg des Islam. Dazu heißt es in Sure 2 Vers 113: »*Nein, wer sich gänzlich Allah unterwirft und Gutes tut, ihm wird sein Lohn bei seinem Herrn. Keine Furcht soll auf solche kommen, noch sollen sie trauern.*«

Wer aus diesen Stellen schließt, dass es Allah gefallen könne, wenn man sein Leben durch ein Selbstmordattentat »opfert«, durch das Unschuldige zu Tode kommen, wenn man sich in den Dienst von Zerstörung und nicht in den Dienst des Aufbauens, der Wohltat an der Menschheit stellt, der ist von einer sehr verworrenen Denkweise geleitet. Im Koran heißt es dazu: »*Und jeder hat ein Ziel, nach dem er strebt; wetteifert daher miteinander in guten Werken. Wo immer ihr seid, Allah wird euch zusammenführen. Allah hat die Macht, alles zu tun, was Er will.«* (Sure 2 Vers 149).


## Die Pervertierung des Friedens

Wie aber kann als »gutes Werk« angesehen werden, was Hass und Abscheu, Rachegelüste und Zorn, Wut und Trauer hervorbringt? Also die verständlichen Reaktionen derer, die von den Folgen der Selbstmordattentate betroffen sind? Lehrt der Koran denn nicht, in Weisheit zu leben (Sure 2 Vers 270), Verzeihung walten zu lassen, gütige Worte zu sagen (Sure 2 Vers 264), uneigennützig Gutes zu tun (Sure 16 Vers 91), zu spenden, den Zorn zu unterdrücken und den Mitmenschen zu vergeben (Sure 3 Verse 135 und 136) sowie Allah in Demut anzurufen (Sure 7 Vers 56)? Wie sind diese Koran-Verse vereinbar mit einem Selbstmordattentat, bei dem man zudem willkürlich andere mit in den Tod reißt? Der Lebensweg des Propheten Mohammed und der seiner Gefährtinnen und Gefährten zeigt nirgendwo, dass sie ihre eigenen Vorstellungen den Geboten und Anweisungen Allahs vorgezogen hätten. Doch kein Mensch kann ernsthaft behaupten, Allah habe Selbstmordattentate befohlen. Im Koran heißt es ganz deutlich:

> *»O die ihr glaubt, zehrt euren Besitz nicht untereinander auf durch Falsches, es sei denn, daß ihr im Handel (verdient) mit gegenseitigem Einverständnis. Und tötet euch nicht selber. Siehe, Allah ist barmherzig gegen euch. Und wer das in Frevelhaftigkeit und Ungerechtigkeit tut, den werden Wir ins Feuer stoßen; und das ist Allah ein leichtes.«* (Sure 4 Verse 30 und 31).

# Selbstmord unter dem Deckmantel des Djihad

Die Islamisten argumentieren dementsprechend, dass es sich bei den Terrorakten nicht um Selbstmord handle, sondern um eine Form des Djihad, für die sie ihr Leben einsetzen. Zwar bestünde hier keine Aussicht zu überleben, aber die Attentate würden doch mit der Hoffnung ausgeführt, eine politische Veränderung zu Gunsten ihres Volkes oder des Islam allgemein zu bewirken. In einem solche Falle sei es erlaubt, sich in sicherer Erwartung des Todes zu opfern.

Doch die Frage, wer ihnen denn die Erlaubnis dafür gegeben habe, können sie nicht beantworten. War es Allah? Haben die Attentäter oder ihre Hintermänner oder ihre Theoretiker oder ihre Geistlichen irgendein Zeichen von Allah, gar eine Offenbarung erhalten, in denen ihnen dieser Weg empfohlen oder gestattet worden wäre? Davon war niemals etwas in den Khutbas (Predigten) der islamistischen Mullahs zu hören und auch in den Abschiedsbriefen der Attentäter findet sich darauf kein Hinweis.

Vielmehr hören wir nur immer wieder, dass es eine Pflicht der Muslime sei, in den heiligen Krieg zu ziehen. Eine Perspektive, wohin dieser heilige Krieg führen soll, was er bezweckt und was die Besiegten oder gar die ganze Menschheit im Fall eines Sieges erwarten werde, finden wir allerdings nirgends.

Die Regeln des Djihad sind im Koran und durch das Lebensbeispiel des Propheten Mohammed eindeutig vorgegeben worden. Der Djihad war niemals Selbstzweck. Er war immer begleitet von der Erwartung, einen Friedenszustand im Lande zu erringen, der es ermöglichte, den Menschen auf friedvolle und weise Art die Schönheiten des Islam nahe zu bringen. Worin sehen denn die Attentäter und ihre islamistischen Mullahs diese Schönheit? Was ist ihr Ziel jenseits von wohl-feilen Sprüchen und einer Vorstellung vom Leben, die auf Zwang, Strenge, Härte und Unnachgiebigkeit, Verletzung der Menschenwürde, Unterdrückung der Frau und dem Vergewaltigen der Rechte der Bürger beruht. Also auf all dem, was der Koran ablehnt?

Die Wahrheit, dass sich Liebe – auch die zum Islam – nicht erzwingen lässt, wird vom Koran oftmals thematisiert. Allah sagt im Koran, dass er Liebe in die Herzen lege und dass es dem Propheten nicht möglich gewesen wäre, durch welche weltlichen Mittel auch immer, wirklich Liebe in den Herzen seiner Gefährtinnen und Gefährten zu erwecken (Sure 8 Vers 64). Liebe zu Gott entsteht, wenn man sich der Schönheit Gottes und seiner Schöpfung bewusst wird und sie erfährt. Dazu will der Koran den Weg weisen. Aber es obliegt dem einzelnen Menschen ganz allein, diesen Weg auch zu gehen. Allah betont im Koran: *»Und hätte dein Herr Seinen Willen erzwungen, wahrlich, alle, die auf der Erde sind, würden geglaubt haben insgesamt. Willst du also die Menschen dazu zwingen, daß sie Gläubige werden?«* (Sure 10 Vers 100).

Es ist mithin völlig gegen die Lehre des Koran, den Islam mit Gewalt durchzusetzen, damit die Menschen verstehen lernen, was er der Welt an Schönheit zu bieten hat. Der Weg des Propheten war es immer, zuerst den Djihad Kabir zu vollziehen. Also jene Anstrengung auf dem Wege des Allmächtigen zu unternehmen, die durch Argumente und Beweise, durch Vernunft und beispielhaftes Verhalten deutlich macht, was die Menschen an Nutzen für sich selbst erreichen könnten, wenn sie den Islam annehmen würden. Der Djihad Saghir, der Kleine Djihad, war nur ein Mittel, um die Glaubensfreiheit im Lande zu sichern. Aber beides ging Hand in Hand. So hat der Prophet laut der sehr authentischen Überlieferungen von Bukhari und Muslim gesagt: »Krieg ist Betrug.« Damit warnte er sicherlich davor, dass Menschen der Illusion unterliegen könnten, Krieg sei in sich gut und erfülle zudem eine Art Selbstzweck.

Nach all den Versen des Koran, die darauf dringen, so hart wie möglich um Frieden zu ringen, ist die Bejahung eines Djihad in Form von Selbstmordattentaten völlig unlogisch. Schließlich ist nicht zu erkennen, dass dadurch die »Ungläubigen« davon überzeugt werden könnten, dass Islam Frieden bedeutet. Er könnte also keinen Frieden in den Herzen der Menschen und in ihren Ländern hervorbringen. Wer will die Welt denn glauben machen, dass das angebliche Märtyrertum der Selbstmordattentäter heilig und in den Augen Gottes verdienstvoll gewesen ist? Im Gegenteil: Es hat unsägliches Leid, Wut und Trauer hervorgerufen und Menschen weltweit dazu gebracht, den Islam als die wohl grausamste Religion überhaupt anzusehen. Und wie soll diese Meinung in den Köpfen und Herzen der meisten Nicht-Muslime je wieder einer Liebe zum Islam Platz machen können?

Der Koran möchte die Menschen zu größerer Lebensfreude, zum Erlangen einer höheren Befriedigung, als sie die äußeren Sinne zu geben vermögen, anleiten. Sein Ziel ist die Verfeinerung der Sinne, nicht ihre Verrohung. Er möchte die Menschen von diesem Weg überzeugen, indem er seine Führungspersönlichkeiten zu herausragenden Vorbildern in Bezug auf ihre moralische Haltung werden lässt. Es heißt in Sure 50 Verse 40 und 41: »*Ertrage drum in Geduld, was sie sprechen, und verherrliche deinen Herrn mit Seiner Lobpreisung vor Aufgang der Sonne und vor dem Untergang; auch in einem Teile der Nacht lobpreise Ihn, und nach jedem Gebet.*«

Es war nie Bestandteil der islamischen Lehre, Vernichtung und Zerstörung über die Menschen zu bringen und sie in Angst und Schrecken vor dem Islam zu versetzen. Abschreckung in dem Sinne, dass man sich für einen möglichen Angriff auf den Islam gerüstet zeigt, und dadurch die Feinde davor warnt, den Frieden anzugreifen, ist etwas anderes. Verteidigungsbereitschaft schließt darüber hinaus Anstrengungen auf menschlicher und kultureller Ebene ein. Das wiederum bedeutet, dass es die Muslime niemals unterlassen sollen, ihre Erfahrungen und Vorstellungen von und mit einem Leben, das wahrhafte Zufriedenheit bringt, weiterzutragen. Auch das ist eine Form des Djihad.

## »Esel, die Bücher tragen«

Was aber bringt Menschen in der islamischen Welt dazu, sich für solche Wahnsinnsaktionen wie Selbstmordattentate zur Verfügung zu stellen und in ihnen auch noch eine Erfüllung ihres Lebenssinns zu sehen?

Grundsätzlich sind es die bereits dargestellten, völlig absurden Auslegungen der Koran-Verse, die den Djihad behandeln. Hinzu kommen die Versprechungen von einem Paradies, das den schlichten Wünschen und Vorstellungen der Islamisten entspricht, in Wirklichkeit vom Islam aber in dieser Form gar nicht gelehrt wird. Außerdem wird ihnen eingetrichtert, als Märtyrer erlangten sie das Wohlgefallen Allahs. Ausgangspunkt sind dabei jene Verse des Koran und jene Überlieferungen von Worten des Propheten Mohammed, in denen der Rang des Märtyrers beschrieben wird. So heißt es in Sure 4 Vers 70: *»Wer Allah und dem Gesandten gehorcht, soll unter denen sein, denen Allah Seine*

*Huld gewährt hat, nämlich unter den Propheten, den Wahrhaftigen, den Blutzeugen und den Gerechten; und das sind die besten Gefährten.«*

Hier werden die vier Stufen aufgezählt (Prophet, Wahrhafter, Blutzeuge und Gerechter), durch die jene Muslime, die im Einklang mit dem Willen Allahs sind und den Islam auf bestmögliche Art und Weise praktizieren, ausgezeichnet werden. Bedingung dafür, eine dieser verdienstvollen Stufen zu erreichen, ist Gehorsam gegenüber den Geboten und Verboten Allahs und gegenüber dem Propheten Mohammed. Das bedeutet für einen Muslim, dass er alle nur erdenklichen Anstrengungen unternehmen muss, um in Wort, Tat und Geist dem Islam gemäß zu leben. Das rein äußerliche Befolgen von irgendwelchen Riten oder gar bloße Lippenbekenntnisse sind das Gegenteil dessen, was in diesem Vers gefordert wird. Derjenige, der weiß, so heißt es in einem Hadith, unterscheidet sich von jenem, der bloß glaubt, ohne zu verstehen – wie der Vollmond von der ersten sichtbaren Mondsichel nach dem Neumond. Sich in der Religion des Islam auszukennen hat indes nichts mit Buchstabenwissen zu tun, sondern mit dem, was man wirkliches Verstehen oder Begreifen nennen kann. Allah vergleicht die Menschen, die bloß glauben, ohne zu verstehen, im Koran auch mit Eseln, die Bücher tragen (Sure 62 Vers 6). Zudem sagt er in Sure 8 Verse 21 bis 24:

*»O die ihr glaubt, gehorchet Allah und Seinem Gesandten, und wendet euch nicht von ihm ab, während ihr zuhört. Und seid nicht wie jene, die sprechen: ›Wir hören‹, und doch hören sie nicht. Die schlimmsten Tiere vor Allah sind die, die taub und stumm sind und die nicht begreifen. Und hätte Allah etwas Gutes in ihnen gekannt, Er hätte*

125

*sie gewiß hörend gemacht. Und wenn Er sie hö-*
*rend macht, so werden sie sich wegwenden in*
*Widerwillen.*«

Kurzum, wer sich für einen Muslim hält, ist gefordert, sich an das zu halten, was Allah durch seinen Propheten verkündete. Wenn jemand das nicht tut und trotzdem behauptet, ein gläubiger Muslim zu sein, darf er sich nicht wundern, wenn man ihn für einen Heuchler hält. Jedenfalls ist er dann keinesfalls einer jener vier Kategorien von Gläubigen zuzuordnen, die der vorhin zitierte Vers beschreibt.

In diesem Vers geht es auch um den Begriff des Märtyrers, arabisch: Schahid. Darunter nun ist allerdings nicht jeder zu verstehen, der im Djihad ums Leben kommt. Entscheidend ist die Absicht, mit welcher sich der Einzelne dieser Form der Anstrengung, für die Glaubensfreiheit einzutreten, unterzieht.

Von Mohammed wurde folgender Ausspruch überliefert: »*Allah beurteilt die Menschen gemäß ihren Absichten.*« (Zitiert nach der Hadith-Sammlung von Bukhari). Selbst die eigene Absicht (arabisch: Niyat) zu ergründen, ist ein fester Glaubensbestandteil jedes ernsthaften Muslims. Das umfasst eine Art Gewissensbefragung und ein intensives Suchen nach den eigentlichen Antrieben, die einen Menschen zu einer bestimmten Handlung veranlassen. Eine Episode aus »Tadhkirat al-Auliya« (Berichte von den Heiligen), einer Schrift des Mystikers Farid-du-Din Attar (ca. 1120–1230), die von dem Leben einflussreicher islamischer Heiliger erzählt und in der islamischen Welt als ein Standardwerk gilt, handelt davon. Farid-du-Din Attar gibt in seinem Buch einen Bericht des Heiligen Ahmad-e-Khazruya wider, in dem jener seinen eigenen seelischen Kampf wie folgt beschreibt:

»Lange Zeit hatte ich meine sinnlichen Gelüste unterdrückt. Dann geschah es eines Tages, dass eine
Gruppe aus meinem Freundeskreis zu einem Krieg
auszog. Ich verspürte mit einem Male ein großes
Verlangen, mit ihnen zu ziehen. Meine Seele erin-
nerte mich an eine Anzahl von Hadith, in denen
die Belohnungen beschrieben werden, die jemand
im Paradies erhält, der für die Sache Allahs gekämpft hat. Ich war erstaunt. ›Meine Seele ist sonst
nicht immer so rasch bereit, zu gehorchen‹, sagte
ich zu mir. ›Vielleicht geschah das deswegen, weil
ich meine Seele immerzu fasten ließ. Nun kann
meine Seele den Hunger nicht länger ertragen und
wünscht, ihr Fasten zu brechen.‹ So sagte ich: ›Ich
breche das Fasten nicht, wenn ich auf einer Reise
bin.‹ ›Darin stimme ich überein‹, antwortete meine
Seele. ›Vielleicht sagt meine Seele das, weil ich ihr
immer befohlen hatte, nachts zu beten. Sie möchte
nun auf diese Reise (des Djihad-Feldzugs, Anm.
des Autors) gehen, damit sie nachts schlafen und
Ruhe finden kann‹, sagte ich somit, und: ›Ich will
dich bis zum Morgengrauen wach halten.‹ ›Darin
stimme ich überein‹, sagte meine Seele. Ich war
noch erstaunter. Dann überlegte ich, dass meine
Seele dies vielleicht sagte, weil sie sich unter die
Leute mischen wollte, weil sie es müde war, so alleine zu sein und nunmehr erhoffte, Zerstreuung in
Begleitung zu finden. So sagte ich: ›Wohin immer
ich dich tragen werde, ich werde dich an einem
Platz niederlassen, wo du abseits von den anderen
bist und werde nicht mit anderen Menschen zu-
sammensitzen.‹ ›Ich stimme überein‹, sagte meine
Seele. Überwältigt suchte ich Zuflucht in einem de-
mütigen Bittgebet an Gott. Ich betete, dass Er mir
die listigen Machenschaften meiner Seele enthüllen

*oder meine Seele die Wahrheit bekennen lassen möge. Dann endlich sprach also meine Seele: ›Jeden Tag schlägst du mich hunderte von Malen, indem du meine Wünsche unterdrückst, und andere Menschen sind sich dessen nicht bewusst. Letztlich könnte ich schließlich im Djihad ein für alle Mal getötet werden und Erlösung erlangen und die Kunde davon wird in alle Welt getragen werden.‹ ›Bravo, Ahmad-e-Khazruya‹, werden sie sagen, ›sie töteten ihn und er erlangte die Krone des Märtyrertums.‹ ›Heilig ist Allah‹, schrie ich daraufhin aus, ›Der es einer Seele ermöglichte, während ihres Lebens eine Heuchlerin zu sein und auch während ihres Todes eine Heuchlerin zu sein. Sie wird niemals eine wahre Muslimin sein, weder in dieser Welt, noch in der nächsten. Ich dachte, dass du Gott gehorchen wolltest (also du den Wunsch äußertest, in den Djihad zu ziehen). Ich nahm nicht wahr, dass du nur den Gürtel umschnalltest* (der das Symbol des Derwischs, also Mystikers, ist, Anm. des Autors).‹ *Danach verdoppelte ich meine Anstrengungen gegen meine eigene Seele* (also den Djihad Akbar, Anm. des Autors).« (Aus: Muslim Saints and Mystics, erschienen 1996 bei Routledge&Kegan Paul).

Auch der Prophet Mohammed hat in einigen Hadith die Problematik, die sich um die Aufrichtigkeit religiöser Motive entspinnt, geschildert. So heißt es zum Beispiel in den beiden Hadith-Sammlungen von Bukhari und Muslim:

*»Abu Musa überliefert, dass ein Mann zum Propheten kam und sagte: ›Der eine kämpft wegen der Beute, der andere wegen Ruhm und ein drit-*

*ter, damit die Leute seine Tapferkeit sehen; wer*
*von ihnen befindet sich auf dem Pfade Allahs?‹*
*Der Prophet antwortete: ›Derjenige, der kämpft,*
*damit Gottes Wort vor allem anderen hochge-*
*schätzt wird, befindet sich auf dem Pfad Gottes.‹«*

In einem anderen Hadith, der der Sammlung von Daud
entstammt, heißt es in diesem Zusammenhang:

*»Abu Huraira überliefert, dass ein Mann sagte:*
*›O Gesandter Allahs, da ist jemand, der am Dji-*
*had teilzunehmen wünscht um einiger weltlicher*
*Vorteile willen.‹ Der Prophet erwiderte: ›Er wird*
*keine Belohnung erhalten.‹«*

Gleich in mehreren Hadith-Sammlungen (denen von
Malik, Abu Daud und Nasa'i) finden sich auch Verse,
die in deutlichen Worten zwischen den unterschiedlichen Grundmotivationen, die hinter einem Kampf stehen können, unterscheiden und diesbezüglich eine klare Wertung vornehmen:

*»Muadh überliefert, dass der Gesandte Allahs sag-*
*te: ›Kämpfen ist von zweierlei Art. Derjenige, der*
*Gottes Wohlgefallen zu erlangen sucht, seinem*
*Führer gehorcht, von dem spendet, was er liebt,*
*seinen Mitmenschen hilft und Unheilstiften ver-*
*meidet, wird Belohnung für sein gesamtes Leben*
*erhalten, für die Zeit, in der er wach war oder*
*schlief. Aber der, der mit protzendem Geist*
*kämpft, um sich zur Schau zu stellen und Ruhm*
*zu erlangen, der seinem Führer nicht gehorcht*
*und Unheil auf Erden anrichtet, wird ohne Erfolg*
*und der Bestrafung unterworfen (zu Gott)*
*zurückkehren.‹«*

Ein weiterer Hadith aus der Sammlung Abu Dauds untermauert das eben Zitierte, indem er bestätigt, dass der Djihad-Kämpfer zu Gott in dem Zustand zurückkehren wird, in dem er kämpfte. Das heißt also auch in jenem Geist und mit jener Absicht, die ihn zum Kämpfen brachte und die er während des Djihad ausübte. Abdallah bin Amr überliefert, dass er Allahs Gesandten bat, ihm etwas über den Jihad zu sagen, der daraufhin ausführte: »*Wenn du mit Ausdauer kämpfst, Abdallah bin Amr, und von Allah deine Belohnung suchst, wird Allah dich auferstehen lassen in einem Zustand, in dem du Ausdauer zeigst und deine Belohnung von Ihm suchst, aber wenn du aus bloßem Gehabe heraus kämpfst und viel Beute machen willst, dann wird Gott dich in einem Zustand auferwecken, wo du bloße Gehabe zur Schau stellst und nur auf viel Beute aus bist. In welchem Zustand auch immer du, Abdallah bin Amr, kämpfst, in dem wird Allah dich wieder auferstehen lassen.*«

In der berühmten Hadith-Sammlung von Muslim findet man eine Passage, die mit besonders eindringlichen Worten jenen Typ von Shahid (Märtyrer) entlarvt, dessen Absicht unrein ist. Hier heißt es, dass Abu Huraira, einer der berühmtesten Gefährten des Propheten Mohammed, der zugleich als einer der wichtigsten Überlieferer dessen Aussprüche gilt, mitteilte, der Prophet habe Folgendes gesagt:

»*Der erste Mensch, der am Tag des Jüngsten Gerichts vor Gott stehen und beurteilt werden wird, wird ein Mann sein, der als Märtyrer starb. Er wird vor Gott gebracht werden, und nachdem Gott ihn an all das Gute, das er ihm gewährt hatte, erinnert haben wird, und der Mann dies bestätigte, wird Gott fragen:* ›*Was hast du getan, um deine Dankbarkeit zu zeigen?*‹ *Der Mann wird antworten:*

*›Ich kämpfte für Deine Sache bis ich als Märtyrer*
*getötet wurde.‹ Gott wird dann sagen: ›Du lügst.*
*Du hast gekämpft, damit die Menschen dich als*
*mutig preisen mögen, und dies haben sie (nach Dei-*
*nem Tod) dann auch getan.‹ Dann wird der Befehl*
*erlassen werden, diesen Mann auf seinem Gesicht*
*liegend in die Hölle zu bringen.«*

All diese Hadith zeigen deutlich genug, dass der Islam keineswegs lehrt, auf jeden Muslim, der im Djihad fällt oder der im Diesseits den Ruf eines Märtyrers erlangt, warte nach dem Tod das Paradies. Dennoch hat diese Annahme ihren festen Platz innerhalb der Propaganda vieler Islamisten. Zugleich gehört sie zu jenen Vorurteilen, die dem Islam immer wieder entgegengebracht werden. Wie die Hadith ausführen, durchschaut Gott in seiner Allwissenheit die eigentlichen Motive jedes Kämpfers. Selbstinszenierte Märtyrer können also nicht mit Belohnung rechnen, sie werden im Jenseits vielmehr für die Unlauterkeit ihrer Motive zur Verantwortung gezogen.

Dennoch verbreiten islamistische Mullahs, die für die religiös-fanatische Indoktrination potenzieller Selbstmordattentäter zuständig sind, in der Tradition von Maulana Maudoodi und Omar Abder Rahman, eine Fülle von trügerischen Geschichten. Sie versprechen paradiesische Belohnungen, die angeblich auf jene warten, die den von extremistischer Seite propagierten Märtyrertod auf sich nehmen. In ihrem Vorgehen erinnern sie dabei an jene, die der Koran als falsche Imame verurteilt. Statt Allah als den »lebendigen Gott« anzuerkennen, erheben sie sich selbst zu einer Autorität, der einfache Muslime Gehorsam zu leisten haben.

In der Hadith-Sammlung »Mischkat« im Buch »Ilm« (deutsch: Wissen) gibt es eine Prophezeiung des Pro-

pheten Mohammed, nach der in der so genannten End-
zeit, jener etwa tausendjährigen Epoche, an deren Beginn der Mahdi erscheinen soll, Ulema (Islamgelehrte)
und Mullahs die schlimmsten Geschöpfe unter dem
Himmelszelt sein werden. Islamistische Mullahs agieren
nur allzu oft als geistige Brandstifter. Mit falschen Versprechungen locken sie junge und oft sehr naive Muslime an, fanatisieren sie und bringen sie schließlich dazu,
sich im Namen Allahs als lebende Bomben instrumen-
talisieren zu lassen. Die Vorgehensweisen extremistischer Mullahs sind absolut unislamisch, ja anti-isla-
misch, und nichts anderes als ein Verbrechen. Religiöse
Fanatiker wie Osama bin Laden, die sich als glühende
Bewunderer Mohammeds inszenieren und zugleich im
Namen des Islam zu blanker Gewalt aufrufen, kämpfen
letztlich auf menschenverachtende Weise nur um ihrer
eigenen, machtbesessenen Ziele willen. Während ihre
angebliche Sorge um die Zukunft der islamischen Gemeinschaft, ja gar um die der ganzen Menschheit, oft
den Mittelpunkt ihrer propagandistischen Parolen bildet, offenbaren sie mit ihrer Schreckensideologie nur,
dass ihnen jedes Verständnis von Sinn und Inhalt des
Koran fehlt. Trotz ihrer massiv religiös verbrämten
Rhetorik, können sie, was die Traditionen, also die
überlieferten Worte des Propheten Mohammed, angeht,
gerade einmal Halbwissen vorweisen. Und sind sie in
den Heiligen Schriften des Islam bewandert, so scheuen
sie nicht davor zurück, Menschen wider besseres Wissen um die Konsequenzen in den Tod zu schicken.

Nach einer wohl bekannten Überlieferung Mohammeds (der Hadith-Sammlung des Ahmad bin Hanbal)
kann kein Gläubiger allein durch seine eigene Anstrengung oder auf Grund seiner guten Werke ins Paradies
gelangen. Er muss in allem auf die Gnade Allahs vertrauen. Auf die Rückfrage eines seiner Gefährten, ob

das auch für ihn, also den Gesandten Allahs zutreffe, antwortete Mohammed mit Ja. Umso vermessener muss dem gläubigen Muslim jenes Versprechen extremistischer Anführer erscheinen, dass Selbstmordattentäter gleichsam ohne Umweg ins Paradies eingehen.

## Die wahren Märtyrer

In der Tat stellte die islamische Lehre jenen das Paradies in Aussicht, die, wie oben zitiert, als Märtyrer das Wohlgefallen Allahs erlangten, weil sie bereit waren, das Irdische um des zukünftigen Lebens willen hinzugeben und weil sie die Wahrheit höher schätzten als ihr eigenes Leben (Sure 4 Vers 77). Im Koran heißt es hierzu weiter (Sure 9 Verse 115 bis 129), dass jene, die sich in den Dienst Allahs stellten, ihr eigenes Wohlergehen verleugneten und sich bewusst waren, dass ein Sieg der Feinde Schaden oder gar den Untergang für die Muslime, die als Garant für Freiheit und Gerechtigkeit galten, bedeuten würde. In Sure 2 Vers 155 heißt es: *»Und sagt nicht von denen, die für Allahs Sache erschlagen werden, sie seien tot; nein, sie sind lebendig; nur begreift ihr es nicht.«* Zudem: *»Und wenn ihr für Allahs Sache erschlagen werdet oder sterbet, wahrlich, Verzeihung von Allah und Barmherzigkeit ist besser, als was sie* (die nicht für ihren Glauben einstanden, Anm. des Autors) *zusammenscharren.«* (Sure 3 Vers 158).

Indes zeigt der zuletzt zitierte Vers, dass nicht nur diejenigen als Märtyrer bezeichnet werden, die auf dem Schlachtfeld ihr Leben ließen, sondern auch die, die ihr Leben dem unblutigen Djihad opferten. Das betrifft zumal jene, die ihre Gelüste sterben ließen und somit im Djihad Akbar, dem Kampf gegen eigene schlechte Eigenschaften, siegreich waren. All diesen ist verheißen, was in der Sure 3 in den Versen 170 bis 172 gesagt wird:

>*Halte jene, die für Allahs Sache erschlagen wurden, ja nicht für tot – sondern lebendig bei ihrem Herrn; ihnen werden Gaben zuteil. Beglückt durch das, was Allah ihnen von Seiner Huld beschert hat, und voller Freude für jene, die ihnen nachfolgen, sie aber noch nicht eingeholt haben; denn keine Furcht soll über sie kommen, noch sollen sie trauern. Sie sind voller Freude über Allahs Gnade und Huld und weil Allah den Lohn der Gläubigen nicht verloren gehen läßt.*<*

Eine weitere Stelle im Koran, die jenen, die für Allah den Märtyrertod sterben, das Paradies in Aussicht stellt, findet sich in Sure 47 Verse 5 bis 7:

>*Wenn ihr (in der Schlacht) auf die stoßet, die ungläubig sind, trefft (ihre) Nacken; und wenn ihr sie so überwältigt habt, dann schnüret die Bande fest. Hernach dann entweder Gnade oder Lösegeld, bis der Krieg seine Waffen niederlegt. Das ist so. Und hätte Allah es gewollt, Er hätte sie Selbst strafen können, aber Er wollte die einen von euch durch die anderen prüfen. Und diejenigen, die auf Allahs Weg getötet werden – nie wird Er ihre Werke zunichte machen. Er wird ihnen zum Sieg verhelfen und ihren Stand bessern und sie ins Paradies führen, das Er ihnen zu wissen getan hat.*<* (Sure 47 Verse 5 bis 7).

Auch in den Hadith finden sich Beschreibungen dessen, was den wahrhaften Märtyrer im Leben nach seinem Tode erwartet. So heißt es in einer Überlieferung, die in den Sammlungen von Tirmidhi und Ibn Madja enthalten ist:

>*Al-Miqdam bin Madikarib berichtete, dass Allahs Gesandter sagte: ›Der Märtyrer erhält sechs gute Dinge von Gott: ihm wird beim ersten Blutstropfen, den er vergießt, vergeben, er wird von der (möglichen) Bestrafung im Grab bewahrt, er bleibt verschont von dem großen Schrecken* (der in Sure 21 Vers 104 angedroht ist, Anm. des Autors)*, auf seinem Haupt wird eine Ehrenkrone mit einem Rubin sein, der besser ist als die ganze Welt und was sie enthält, er wird mit 72 Frauen aus der Schar der Mädchen mit den großen, dunklen Augen verheiratet* (von denen in der Sure 56 Vers 23 die Rede ist, Anm. des Autors) *und er darf zum Fürsprecher von 70 seiner Verwandten werden.‹*«

Mit dem »großen Schrecken« ist das Geschehen am Jüngsten Tag gemeint, wenn die wahre Beschaffenheit aller Taten, ihre Absichten und Motive zu Tage treten und der Mensch sich der Realität stellen muss, ohne Ausflüchte machen oder beschwichtigen zu können. Der Begriff entstammt dem Koran (Sure 21 Vers 104). Im Zusammenhang gelesen, sagt der Koran dazu:

>*Die aber, an welche (die Verheißung) eines herrlichen Lohns schon vordem von Uns ergangen ist, diese werden von ihr (der Hölle) weit entfernt sein. Sie werden nicht den leisesten Laut davon hören, während sie in dem verweilen, was ihre Seelen begehren. Der große Schrecken wird sie nicht betrüben, und die Engel werden ihnen entgegen kommen: ›Das ist euer Tag, der euch verheißen ward‹.*« (Sure 21 Vers 102 bis 104).

Die »Schar der Mädchen mit den großen, dunklen Augen« bezieht sich auf Verse des Koran (unter anderem Sure 56 Vers 23), in denen von der Vervollkommnung der Seele die Rede ist.

Welche Vorstellungen vom Paradies im Koran offenbart wurden und wie diese zu verstehen sind, ist Gegenstand des nächsten Kapitels.

# Das Paradies im Islam

Wenn in westlichen Medien vom Paradies, wie es im Koran beschrieben sei, die Rede ist, dann geschieht dies meist auf ziemlich ironische Art und Weise. Journalisten fühlen sich bemüßigt, immer wieder auf die »schwellenden Brüste« der hübschen »Paradiesjungfrauen« zu verweisen, die den Gläubigen im Jenseits erwarten würden. Selbstredend ist man schnell damit bei der Hand, süffisant zu konstatieren, das islamische Paradies sei wohl vornehmlich auf die sinnlichen Wünsche männlicher Bewohner zugeschnitten – die Bedürfnisse von Frauen fänden dort schließlich wenig Berücksichtigung.

Auch wenn der stark überzeichnete Charakter dieses Bildes offensichtlich ist, lohnt sich doch eine genauere Betrachtung. Dass im gesamten Koran niemals von den in den Medien häufig zitierten »schwellenden Brüsten der Huris« die Rede ist, mag keinen verwundern. Zwar heißen die Paradiesjungfrauen im Koran tatsächlich Huris, doch werden ihnen darin derlei körperliche Attribute nicht zugeordnet. Die Einschätzung, die islamische Vorstellung vom Paradies komme in erster Linie männlichen Wunschvorstellungen, besser gesagt Gelüsten, entgegen, wird nur der teilen, der die entsprechenden Textpassagen nicht gelesen hat.

In der Tat haben viele muslimische Männer sehr merkwürdige Vorstellungen davon, was sie – inscha-Allah!, das heißt: So Gott will – im Paradies erwartet. Auch dass religiösen Fanatikern, die bereit sind, Selbstmordattentate auszuführen, und extremistischen Mullahs, die sie dazu anstiften, tatsächlich ein materielles Jenseits vorschweben mag, das mit allen möglichen sinnlichen Belohnungen aufwartet und dem Jammertal der Erde vorzuziehen ist, sei unbestritten. Es zeigt jedoch, wes Geistes Kind sie sind. Wenn aber westliche Beobachter und Intellektuelle diese naiv-banalen Vorstellungen von einem paradiesischen Ort unreflektiert reproduzieren, ohne sich mit der Bilderwelt des Koran, seinen Metaphern und Gleichnissen zu beschäftigen, dann zeugt dies nicht gerade von einem kritischen Herangehen an diese Thematik.

## Das Paradies als Gleichnis

Wer sich mit den Jenseitsvorstellungen, die man im Koran findet, auseinander setzt, muss früher oder später zu jenen Versen vordringen, in denen unmissverständlich gesagt wird, dass vom Paradies (wie auch von der Hölle) nur in gleichnishafter Form berichtet werden kann. So heißt es in Sure 47 Vers 16:

> *»Ein Gleichnis von dem Paradiese, den Rechtschaffenen verheißen: Darin sind Ströme von Wasser, das nicht verdirbt, und Ströme von Milch, deren Geschmack sich nicht ändert, und Ströme von Wein, köstlich für die Trinkenden, und Ströme geläuterten Honigs. Und darin werden sie Früchte aller Art haben und Vergebung von ihrem Herrn.«*

Auch in Sure 13 Vers 36 wird auf den bildlich metaphorischen Charakter, auf den sich die menschliche Vor-

138

stellung vom Jenseits notwenigerweise beschränken muss, hingewiesen, wenn es heißt:

*»Das Bild des Himmels, den Gottesfürchtigen verheißen: Ströme durchfließen ihn, seine Frucht ist immerwährend, wie sein Schatten.«*

Wie diese Bilder vom Paradies zu deuten sind, ist eine wichtige Frage der Theologie, zu der vor allem immer wieder Mystiker, wie etwa Jalaluddin Rumi und Mirza Ghulam Ahmad Stellung bezogen haben. Sie gingen und gehen davon aus, dass zuerst zu beachten ist, was der Prophet Mohammed über das Paradies gesagt habe: *»Kein Auge hat je die Wonnen des Himmels gesehen, noch ein Ohr sie gehört, noch hat das menschliche Gemüt und seine Fantasie sie je erfassen können.«* (Zitiert nach den Hadith-Sammlungen von Bukhari und Muslim). Laut Koran werden sich die guten Taten und Schönheiten des Diesseits für den Gläubigen im Paradies auf eine der jenseitigen Dimension entsprechende Weise manifestieren *»und* (Allah wird, Anm. des Autors) *sie ins Paradies führen, das Er ihnen zu wissen getan hat.«* (Sure 47, Vers 7).

Dies legt nahe, dass die Bedingungen des Jenseits nicht materieller Art sind. Sie sind nicht mit jenen Formen des Gegenständlichen und Körperhaften zu vergleichen, die für Menschen auf Erden erfahrbar sind. Im Koran heißt es in Sure 2 Vers 26 weiter:

*»Und bringe frohe Botschaft denen, die glauben und gute Werke tun, dass Gärten für sie sind, durch die Ströme fließen. Wann immer ihnen von den Früchten daraus gegeben wird, werden sie sprechen: ›Das ist, was uns zuvor gegeben wurde‹, und (Gaben) gleicher Art sollen ihnen gebracht werden. Und sie werden Gefährten und Gefähr-*

*tinnen haben von vollkommener Reinheit, und darin werden sie weilen.«*

In dieser Paradiesbeschreibung ist von »Gefährten und Gefährtinnen« die Rede, die Beschreibung in Sure 56 erzählt von »Jünglinge(n), die nicht altern« (Vers 18) und die, neben »holdseligen Mädchen mit großen, herrlichen Augen gleich verborgenen Perlen« (Verse 23 und 24) für die Gläubigen da sein werden. Im bildlichen Sinne dieser Verse sorgt der Koran durchaus dafür, dass eine Ausgewogenheit zwischen den Geschlechtern herrschen soll.

Bedenkt man nun, dass der Koran es als lebenslange Aufgabe des Menschen betrachtet, seine Seele zu läutern, die Sinne im Zaum zu halten und nach Reinheit zu streben (vgl. Sure 2 Vers 26), wie wahrscheinlich scheint dann eine Interpretation, die in diesen Versen ein Paradies der schrankenlosen sinnlichen Vergnügungen erkennen will? Der Koran legt den Gläubigen in Sure 20 Vers 132 nahe:

>*»Und richte deine Blicke nicht auf das, was Wir einigen von ihnen zu (kurzem) Genuß gewährten – den Glanz des irdischen Lebens –, um sie dadurch zu prüfen. Denn deines Herrn Versorgung ist besser und bleibender.«*

Die Annahme, im Paradies würden die gleichen Vergnügungen auf die Menschen warten, denen sie schon auf Erden nachgingen, lässt sich nicht mit der hier zitierten Aussage des Koran vereinen, dass das, was Allah den Gläubigen als Belohnung für ihren Djihad Akbar (den Kampf oder die Anstrengung gegen moralische und spirituelle Mängel) gewährt, »besser und bleibender« sei als all die Dinge materieller Art, die das Leben auf der Erde schön machen können.

# Die Entwicklung der Seele

Der Koran beschäftigt sich ausführlich mit der psychischen und seelischen Entwicklung des Menschen. Er will dem Gläubigen den Weg zum Seelenfrieden und zu einer Gemeinschaft, wenn nicht sogar Vereinigung, mit Gott weisen. Hierin sieht er die eigentliche Aufgabe des Menschen. Sie erfolgreich zu erfüllen, bedeute das Paradies auf Erden und im Himmel. Der Koran fordert den Gläubigen dazu auf, diese Herausforderung anzunehmen, mit den Worten: *»O die ihr glaubt, fürchtet Allah und suchet den Weg der Vereinigung mit Ihm und strebet auf Seinem Wege, auf daß ihr Erfolg habt.«* (Sure 5 Vers 36).

Wer diesen Weg geht, durchläuft, so lehren es die großen Heiligen des Islam, verschiedene Stadien. Die erste Stufe ist jene der »wilden Seele« (vgl. Sure 12 Vers 54), die unbeherrscht dazu neigt, den Menschen zu Schlechtem zu verleiten. Wenn das Gewissen erwacht, der Mensch sich in Selbstkritik übt und Anstrengungen unternimmt, seine Fehler auszumerzen und nicht mehr gegen sich und andere zu sündigen, gelangt er auf die Stufe der »sich selbst anklagenden Seele« (Sure 75 Vers 3). Die dritte Stufe ist die des inneren, vollkommenen Friedens, von der es in Sure 89 Verse 28 bis 31 heißt:

*»(Doch) du, o beruhigte Seele, kehre zurück zu deinem Herrn, befriedigt in (Seiner) Zufriedenheit! So tritt denn ein unter Meine Diener, und tritt ein in Meinen Garten!«*

Hier und in vielen anderen Versen des Koran ist davon die Rede, dass die Seele ins Paradies bzw. ins Jenseits gelangt. Nach der Philosophie des Islam ist die Seele ungeschlechtlich, also weder weiblich noch männlich. Auf die irdische Differenz zwischen Mann und Frau geht der Koran hingegen sehr wohl ein. Beide Geschlechter sollen demnach nicht ersehnen, über die Grenzen ihrer natürlichen Veranlagungen hinauszugehen:

> »*Und begehrt nicht das, womit Allah die einen von euch vor den anderen ausgezeichnet hat. Die Männer sollen ihren Anteil erhalten nach ihrem Verdienst, und die Frauen sollen ihren Anteil erhalten nach ihrem Verdienst. Und bittet Allah um Seine Huld. Wahrlich, Allah hat vollkommene Kenntnis von allen Dingen.*« (Sure 4 Vers 33).

In Sure 30 Vers 31 heißt es weiter:

> »*So richte dein Antlitz auf den Glauben wie ein Aufrechter (und folge) der Natur, die Allah geschaffen, der Natur, mit welcher Allah die Menschen erschaffen hat. Es gibt kein Ändern an Allahs Schöpfung. Das ist der beständige Glaube. Allein die meisten Menschen wissen es nicht.*«

Bei den Beschreibungen, die der Koran vom Paradies gibt, ist von Teppichen und Ruhekissen, von Gärten und Strömen aus Milch und Honig die Rede, von schönen Mädchen und Jungen sowie von erlesenen Früchten, Getränken und Speisen. Bei all diesen Aufzählungen darf der ausdrücklich metaphorische Charakter dieser Bilder nicht vergessen werden. Diese paradiesischen Signifikanten stehen für die guten Werke und das Schöne, das die Gläubigen im Verlauf ihres Lebens getan haben.

Während der Mensch im Tod seine Leiblichkeit auf der Erde zurücklässt, lebt die geläuterte Seele im Jenseits weiter. Dass die Vorstellung dieses Zustands dem

Koran nach das menschliche Wahrnehmungsvermögen übersteigt, beschreibt Sure 32 Vers 18: »*Doch niemand weiß, was für Augenweide für sie verborgen ist als Lohn für ihre Taten.*«

Die Schönheit des Paradieses lässt sich für Gläubige, so der Koran, allenfalls erahnen, indem sie Erfahrungen mit ihrer Seele machen, bei der die sinnliche Wahrnehmung sozusagen transzendiert wird. Wenn der Gläubige an Gott glaubt und daran, dass er am Jüngsten Tag für seine Taten Rechenschaft ablegen muss, wird er schon in diesem Leben alle Formen von Freude erfahren können, auf der physischen, intellektuellen, moralischen und spirituellen Ebene.

Das Paradies ist jedoch nicht nur jenen vorbehalten, die sich Muslime nennen. Auch berechtigt eine formale Zugehörigkeit zum Islam noch lange nicht zum Einzug ins Paradies. Gläubige anderer Glaubensbekenntnisse können ebenfalls in den Himmel gelangen, denn Allah, so heißt es in Sure 2 Vers 63, ist allgerecht:

»*Wahrlich, die Gläubigen und die Juden und die Christen und die Sabäer* (also Anhänger anderer Glaubensbekenntnisse, Anm. des Autors) – *wer immer (unter diesen) wahrhaft an Allah glaubt und an den Jüngsten Tag und gute Werke tut –, sie sollen ihren Lohn empfangen von ihrem Herrn, und keine Furcht soll über sie kommen, noch sollen sie trauern.*«

## Die islamistische Vorstellung vom Paradies

Wenn fanatische Mullahs, die als Gelehrte und als Männer des Geistes und der Religion auftreten, allen Ernstes vorgeben, für einen Gläubigen liege der Sinn des

Lebens darin, im Jenseits nach einer körperlichen Wiederauferstehung in einer Art paradiesischem Schlaraffenland unentwegt die menschlichen Sinne zu befriedigen, zeigt dies, wie sehr ihre Sicht auf eine materielle, weltliche Körperlichkeit beschränkt ist. Die geistige und spirituelle Evolution der menschlichen Seele, die als Essenz des Islam gelten kann, hat in der verschrobenen Vorstellung dieser islamistischen Mullahs von Religion und Paradies, mit der sie scharenweise ihre Anhänger rekrutieren, keinen Platz mehr. Stattdessen wird das Versprechen unendlicher körperlicher Genüsse gegeben, das paradoxerweise angesichts des in ihrer Welt herrschenden strikten Moralkodex erst im Jenseits eingelöst werden kann.

Vor allem Menschen, die in ihrem Leben keinerlei Perspektive mehr sehen, zumal auf Grund schwieriger und als ungerecht erlebter sozialer wie politischer Bedingungen, sind für die auf das Jenseits gerichteten Versprechen fanatischer Mullahs empfänglich. Aber auch der laute und gewaltsame Ruf nach einer vermeintlich islamischen Neuordnung der Welt stößt unter solchen Umständen nur allzu oft auf begeisterte Resonanz, ohne dass die dahinter stehenden Konzepte transparent werden.

Im nächsten Kapitel schließt sich daher die Frage an, welches gesellschaftspolitische Konzept der Islam vertritt und wie sich Politik und Religion seinen Lehren gemäß zueinander verhalten sollen.

# Islam und Politik

Die derzeitige Diskussion um die Islamisten betont, dass sie überall auf der Welt »Gottesstaaten« errichten wollten. Fanatische Krieger hätten sich auf den Weg gemacht, jedes bestehende Regime im islamischen Kulturkreis, das ihren Vorstellungen nicht entspricht, durch Terror und Gewalt zu zerrütten, um dann die Macht zu übernehmen. Ihr Plan in Bezug auf die Staaten der übrigen Welt bestehe darin, diese langsam, aber sicher zu unterjochen und zu Vasallen-Staaten werden zu lassen.

Es scheint, als wäre diese Idee von der gewaltsamen Unterwerfung der nicht-islamischen Welt eine neue Variante des Kolonialismus. Es scheint auch, als beriefen sich diejenigen, die immer wieder einen heiligen Krieg fordern und diesen sogar ausrufen – und somit quasi jeden Muslim auf der Welt moralisch und letztlich eben auch physisch zur Teilnahme verpflichten – zu Recht auf »den Islam«, auf den islamischen Staatsentwurf. Dieser Eindruck entsteht zumindest dann, wenn man die Schriften der Islamisten liest. Er entsteht aber leider auch dann, wenn wir den Medien glauben, die nur zu oft – ohne sich im Koran und im Islam wirklich auszukennen – gedankenlos und willfährig die Islamisten mit dem Islam gleichsetzen. Doch das islamische Konzept vom Staat bzw. die islamische Idee vom Verhältnis zwischen Politik und Religion entspricht keineswegs diesen wirren Theorien.

Grundsätzlich lässt sich die Diskussion auf zwei Behauptungen zurückführen:

1. Die Behauptung, der Islam lehre, dass es entweder ein Haus des Friedens (Dar al-islam) oder aber ein Haus des Krieges (Dar al-harb) gäbe.
2. Die Behauptung, der Islam lehre, dass Politik und Religion eins seien.

## Die vier anerkannten Rechtsschulen des Islam

Die Begriffe Dar al-islam und Dar al-harb kommen keineswegs im Koran vor und werden auch in den Hadith nicht erwähnt. Sie entstammen der Welt der so genannten Rechtsschulen. Die Rechtsschulen sind Systeme, die von Theologen aufgestellt wurden und sich mit der Frage auseinander setzen, was die Scharia (islamisches Gesetz) ist. Diese Wissenschaft wird »Fikh« genannt. Insgesamt gibt es im sunnitischen Islam vier anerkannte Rechtsschulen, die nach ihren Begründern genannt werden: Shaafii, Hanafi, Maliki, Hanbali. Diese Gelehrten lebten rund 100 bis 200 Jahre nach dem Propheten Mohammed. Ihre Aufgabe bestand darin, Grundlagen für eine Legislative zu schaffen. Dies erwies sich aus zwei Gründen als ausgesprochen schwierig: Zum einen trifft der Koran nur wenige klare Aussagen zu Geboten oder Verboten. Zum anderen enthält die Sunna – die Lebenspraxis des Propheten Mohammed – komplizierte Präzedenzfälle. Die vier Gelehrten mussten sich deshalb einer im Islam allgemein anerkannten Methode bedienen: Diese besagt, dass es erlaubt ist, sich auf Grund der gesicherten Erkenntnisse aus Koran und Sunna eine eigene

Meinung (Ray) zu bilden. Dies muss folgendermaßen geschehen: Zunächst muss der Koran befragt, dann die Sunna (wie sie zum Beispiel in den Hadith überliefert ist) berücksichtigt werden. Mit Hilfe des Analogieschlusses (Qiyas) trifft man daraufhin eine Entscheidung, die in Übereinstimmung (Idjma) mit den anerkannten Autoritäten stehen muss.

Innerhalb des Schiitentums gab es in den Grundlagen keine wesentlichen Abweichungen von den genannten vier Rechtsschulen, die Frage nach dem Kalifentum (Kalifat) einmal ausgeklammert.

Auf diese Art und Weise wurden die Regeln für den Gottesdienst und die Rechtsprechung festgelegt. Aus ihrem Gedankenschatz stammt auch die Einteilung der Erde in zwei Bereiche: den, in dem die Muslime herrschten und die Scharia eingeführt war, also das Haus des Friedens, und den Bereich, in dem Andersgläubige das Sagen hatten. Hinzu kam noch der Begriff »Dar al-sulh«, der die Bereiche jener umfasste, mit denen die Muslime Schutzverträge abgeschlossen hatten. Daraus aber abzuleiten, alle nicht-islamischen Staaten müssten prinzipiell angegriffen und unterworfen werden, widerspricht dem Grundgedanken des Djihad, der – wie bereits erörtert – den reaktiven Zustand des Bedrohtseins, nicht die aktiven Drohungen durch Muslime voraussetzt.

## Das »Haus des Krieges«

Sicherlich war die Situation, in der sich der Islam damals befand, von ständigen Auseinandersetzungen mit nicht-muslimischen Völkern und ihren Regierungen geprägt. Zum einen allein schon deswegen, weil vom Islam eine Vielzahl – für damalige Verhältnisse – revolutionärer Ideen ausging (zum Beispiel im Hinblick auf das Sozialwesen, die Rechte der Frauen, den Zustand der Gesellschaft und die Abschaffung der Sklaverei). Zum anderen bestand die Konfrontation mit dem Islam natürlich in der Auseinandersetzung mit theologischen und philosophischen Fragen. Aber die Muslime der damaligen Zeit, das beweist die Geistesgeschichte, waren gegenüber den nicht-islamischen Kulturen nicht grundsätzlich feindlich eingestellt. Dies hat sich zum Beispiel gezeigt, als Muslime die Schriften griechischer Philosophen ins Arabische übersetzten und diese damit vor der Vernichtung bewahrten. Sie hielten sich also an das Wort des Propheten, dass Weisheit ein verlorenes Gut der Muslime ist und dass sie diese aufnehmen sollten, wo und wann immer es ihnen möglich sei. Zudem hatte der Prophet gelehrt, dass jeder Muslim, ob Mann oder Frau, sich Wissen erwerben muss, selbst wenn er dafür »bis nach China« gehen müsse. Und weil sich die meisten Muslime an diese und andere Maximen hielten – die auf Freundschaft unter den Völkern und ein friedliches Zusammenleben abzielten –, gelang es dem Islam, zur führenden Zivilisation der damaligen Zeit (etwa 700 bis 1000) zu werden.

Diese historischen Tatsachen widersprechen der Auffassung, der Islam müsse mit dem Schwert verbreitet werden. Oder noch zugespitzter: jede nicht-islamische Region sei automatisch ein »Haus des Krieges«. Wenn die damaligen Rechtsgelehrten eine solche Unterscheidung zwischen Friedensgebiet und Kriegsgebiet trafen, dann unter Berücksichtigung der jeweiligen aktuellen historischen Lage. Diese Begriffe wurden also nur auf jene Staaten angewendet, die den Islam tatsächlich bedrohten.

Die Behauptung, es sei rechtens für die Muslime, sich im ständigen Zustand des Djihad gegenüber den nicht-muslimischen Einflusssphären zu befinden, ist völlig irreführend. Wie in diesem Buch nachgewiesen wurde, hat kein Muslim das Recht, den Sturz einer nicht-islamischen Regierung zu betreiben, nur weil sie im Sinne der Religion des Islam nicht gläubig ist. Die meisten Kriege, die im frühen Islam geführt wurden, waren Verteidigungskriege, wie etwa in der Zeit von 1099 bis 1293, in der christliche Kreuzritter sieben Kreuzzüge gegen die Muslime führten. Wenn spätere Herrscher unter dem Deckmantel des Islam den Krieg als Mittel ihrer Politik einsetzten, so ist das nicht durch die Religion des Propheten Mohammed zu rechtfertigen.

Würde die Behauptung stimmen, dass es den Muslimen von jeher gestattet war, sich die Erde mit Gewalt untertan zu machen, so müssten Koran und Sunna entsprechende Hinweise oder gar klare Aufforderungen enthalten. Die Ausführungen über die Bedingungen, unter denen ein Djihad stattfinden kann (nicht muss), sollten keinen Zweifel daran gelassen haben, dass willkürliche Kriege hier nicht vorgesehen sind.

## Das islamische Staatsbild

In der liturgischen Predigt, die bei jedem Freitagsgottesdienst (Djuma) nach der jeweiligen Ansprache des Imam (Geistlichen) auf Arabisch gehalten werden muss – die freie Predigt kann in jeder Sprache der Welt gehalten werden – heißt es unter anderem:

>*Wahrlich, Allah befiehlt euch, gerecht zu handeln, euch gegenseitig Wohltaten zu erweisen und den anderen Gutes zu tun, wie man es seinen Verwandten gegenüber tut; und (Er) verbietet das*

*Böse, das sich gegen euch selbst richtet, sowie das*
*Böse, das sich auf andere auswirkt, und (Er) ver-*
*bietet die Auflehnung (gegen einen rechtmäßigen*
*Gesetzgeber). Er warnt euch davor, unbedacht-*
*sam zu sein.«*

Die Grundlagen eines Staates sind dem Koran zufolge
die Herstellung von Lebensumständen, die es allen
Bürgern des Landes ermöglichen, friedlich miteinander
und mit den Nachbarstaaten zu leben. Dazu gehört der
Auftrag des Staates, für Ernährung, Behausung, Beklei-
dung und auch die medizinische Versorgung sowie Bil-
dung aller seiner Einwohner zu sorgen. Die Mittel dazu
erhält er aus der Zakat, das ist die Steuer, die Muslime
zu entrichten haben. Was die Aufrechterhaltung von
Recht und Ordnung betrifft und die Gewährleistung
von Sicherheit und Frieden, ist er verpflichtet, streng
nach den Kriterien der Gerechtigkeit vorzugehen. Dazu heißt es im Koran in der Sure 16 Vers 91: »*Allah ge-*
*bietet Gerechtigkeit und uneigennützig Gutes zu tun*
*und zu spenden wie den Verwandten; und Er verbietet*
*das Schändliche, das offenbar Schlechte und die Über-*
*tretung. Er ermahnt euch, auf daß ihr es beherzigt.«*

Und: »*O die ihr glaubt! Seid standhaft in Allahs Sa-*
*che, bezeugend in Gerechtigkeit! Und die Feindselig-*
*keit eines Volkes soll euch nicht verleiten, anders denn*
*gerecht zu handeln. Seid gerecht, das ist näher der Got-*
*tesfurcht. Und fürchtet Allah; wahrlich, Allah ist kun-*
*dig eures Tuns.«* (Sure 5 Vers 9).

Und: »*O die ihr glaubt, seid fest in Wahrung der Ge-*
*rechtigkeit und Zeugen für Allah, mag es auch gegen*
*euch selbst oder gegen Eltern und Verwandte sein. Ob*
*Reicher oder Armer, Allah hat über beide mehr Rechte.*
*Darum folget nicht niedern Begierden, damit ihr billig*
*handeln könnt. Und wenn ihr (die Wahrheit) verhehlet*

150

*oder (ihr) ausweichet, dann ist Allah wohl kundig eures Tuns.*« (Sure 4 Vers 136).

Daraus geht hervor, dass die Scharia niemals auf solche Bürger angewandt werden kann, die sich nicht zum Islam bekennen, denn es wäre äußerste Ungerechtigkeit, sie nach Maßstäben zu beurteilen, die sie nicht anerkennen können.

Da Glaubens- und Gewissensfreiheit oberstes Gut der Muslime sind, dürfen Nicht-Muslime in einem islamischen Staat – der diesen Namen auch tatsächlich verdient – nicht dafür bestraft werden, dass sie gegen das islamische Gesetz verstoßen. Sie können nur nach dem allgemein gültigen Gesetz des Landes bestraft werden, wenn sie dieses übertreten. Es gibt viele Gebote und Verbote im Islam. Insgesamt muss sich ein Muslim an etwa 700 Regeln halten, von denen ein Nicht-Muslim auch nicht betroffen ist. Dass also die Scharia nicht zu einem allgemein für alle Bürger gültigen Grundgesetz gemacht werden kann, ist die Schlussfolgerung aus den oben zitierten Versen. Bestätigt wird dies im Vers 59 der Sure 4:

»*Allah gebietet euch, daß ihr die Treuhandschaft jenen übergebt, die ihrer würdig sind; und wenn ihr zwischen Menschen richtet, dass ihr richtet nach Gerechtigkeit. Fürwahr, herrlich ist, wozu Allah euch ermahnt. Allah ist allhörend, allsehend.*«

Hier ist ausdrücklich davon die Rede, auf welcher Grundlage ein Rechtsspruch gefällt werden soll, wenn zwischen Menschen allgemein gerichtet wird. Es ist hier nicht von Muslimen die Rede. Aus all dem geht hervor, dass die verbreitete Auffassung, es müsse im Islam einen völligen Einklang zwischen Religion und Politik geben, einer Überprüfung mit Hilfe der islamischen Quellen nicht standhält.

Der islamische Staat muss ein Garant für Frieden und Gerechtigkeit sein. Der Prophet Mohammed sagte sogar: »*Gerechtigkeit ist die Blutschwester des Islam.*« Dies ist in einer schiitischen Hadith-Sammlung wiedergegeben. Wenn dennoch so häufig geglaubt wird, der Islam sei bedingungslos gegen Säkularismus, also gegen eine Trennung von Religion und Politik, dann vor allem wohl deswegen, weil viele Mullahs meinen, das Beispiel des Propheten Mohammed sei bedingungslos auf die heutigen Verhältnisse zu übertragen. Mohammed war auf Grund seines Prophetentums religiöser Führer, also Imam, und zugleich auch Staatsmann, also Oberhaupt der Muslime in weltlichen Angelegenheiten.

Tatsache aber ist, dass der Koran zum einen feststellt, dass Allah die Herrschaft gibt und nimmt (Sure 3 Vers 27), denn er ist – in den Augen der Muslime – der eigentliche »König der Menschen« (Sure 114 Vers 3), und zum anderen die Menschen auffordert, sich ihren Statthalter, also weltlichen Führer, zu wählen (Sure 4 Vers 59). Diese beiden Aussagen stehen nicht im Widerspruch zueinander, denn die Wahl einer Regierung ist dem Koran nach letztlich von der Zustimmung Allahs abhängig. Er ist der Herr über die Erde und den Himmel und Leben und Tod, und er gibt oder nimmt oder lässt zu, dass etwas geschieht.

Darüber hinaus ist das Vorbild des Propheten nicht in allen Einzelheiten von den Menschen nachvollziehbar. Es gibt vieles in Mohammeds Rang als Prophet und in seinen Eigenschaften als Mensch, was die Muslime nicht für sich beanspruchen können. Dies müssen sich Muslime eingestehen. Und wenn die Mullahs, die Religion und Staat unbedingt in einer Hand vereint sehen wollen, ihm in so vielen Bereichen nicht nacheifern können, warum wähnen sie dann, dass sie ausgerechnet in der Frage der Macht mit ihm auf einer Stufe stehen müssten? Was bringt die Mullahs auf die Idee, dass nur die religiös Herausragenden unter den Bürgern mit der Regierungsaufgabe betraut werden dürfen?

Selbst der Prophet Mohammed hatte eingestanden, dass er auf bestimmten Wissensgebieten ein Laie war. Dass den frühen Muslimen das Glück zuteil wurde, in ihrem Propheten sowohl eine absolute geistliche Autorität als auch eine weltliche Führungspersönlichkeit zu haben, heißt nicht, dass es für jedes muslimische Volk aller zukünftigen Zeiten stets ebensolche Führungspersönlichkeiten geben werde. Es mag Heilige geben, die dem Propheten, auch was die Leitung eines Staates betrifft, nacheifern können. Aber es muss nicht so sein. Es kann ja auch so sein, dass jemand äußerst geschickt in Sachen der Verwaltung oder in Angelegenheiten der Diplomatie ist, ohne dass er gleichzeitig auch ein herausragender Theologe sein muss. Kurz gesagt, die Idee, dass Religion und Politik eins sein müssen, widerspricht nicht nur dem Koran, sondern auch aller Vernunft.

Die Behauptung, jeder Staat, der nicht unter muslimischer Herrschaft steht, sei automatisch ein Feind des Islam, widerspricht ebenfalls grundlegenden Aussagen des Koran. Zum Beispiel heißt es in der Sure 7 Vers 57: *»Und stiftet nicht Unfrieden auf Erden, nach ihrer Befriedigung.«* Und gleichermaßen heißt es in Sure 28 Vers 78: *»Und begehre nicht Unheil auf Erden, denn Allah liebt die Unheilstifter nicht.«*

Bei jenen, die den Frieden in der Welt stören und damit Verhältnisse der Unordnung bewirken, handelt es sich in der Tat nicht um gottesfürchtige Muslime, sondern vielmehr um solche, die der Koran als Heuchler verurteilt:

»Unter den Leuten sind solche, die sagen: ›Wir glauben an Allah und an den Jüngsten Tag‹, und sind gar nicht Gläubige. Sie möchten Allah betrügen und diejenigen, die gläubig sind; doch sie betrügen nur sich selbst; allein sie begreifen es nicht. In ihren Herzen war Krankheit, und Allah hat ihre Krankheit vermehrt; und eine qualvolle Strafe wird ihnen, weil sie logen. Und wenn ihnen gesagt wird: ›Stiftet kein Unheil auf Erden‹, antworten sie: ›Wir sind nur Förderer des Friedens.‹ Höret! gewiß sind sie es, die Unheil stiften; allein sie begreifen es nicht.«* (Sure 2 Vers 9 bis 13).

# Resümee und Ausblick

Die Anschläge, die am 11. September 2001 die USA erschüttert haben und die nach Meinung vieler eine neue Dimension des islamistischen Terrorismus darstellen, haben unsere Wahrnehmung, unser Bewusstsein und auch die Art und Weise, in der wir uns dem Thema Islam nähern, verändert.

Das große Informationsbedürfnis der westlichen Öffentlichkeit hat dazu geführt, dass heute mehr denn je zu diesem Thema geschrieben und gesagt wird. Das heißt jedoch nicht, dass unsere Auseinandersetzung mit dieser Weltreligion auch eine neue qualitative Ebene erreicht hat. In vielen Darstellungen, die das Thema Islam transparenter machen wollen, findet man nun immer wieder die gleichen Schlagworte, jedoch fehlt es nur zu oft an Tiefe und Hintergrundwissen. Das so vermittelte Bild vom Islam trägt häufig zu einer noch größeren Verwirrung und Verunsicherung bei.

In den großen deutschen Tageszeitungen erscheinen zwar zum Teil sehr ausführliche Beiträge über das Thema Islam und das Phänomen des islamistischen Terrorismus, jedoch machen es sich die Kommentatoren in vielen Fällen zu leicht. Die Grenzen zwischen Islam und fanatischem Islamismus drohen in diesen Artikeln mitunter zu verschwimmen. Viele Beiträge beziehen sich auf den Koran und andere islamische Schriften, zeugen jedoch gleichzeitig von einer so groben Unkenntnis dieser Texte, dass sich der Leser, der auch nur annähernd mit islamischen Quellen vertraut ist, die Frage stellen muss, wie es sein kann, dass Intellektuelle so fahrlässig mit den grundlegenden Aussagen und Idiomen dieser Weltreligion umgehen. Die Arroganz, die in der derzeitigen Diskussion mitschwingt, übersteigt jedes Maß, wenn in Kommentaren behauptet wird, der Westen sei dem Islam überlegen, weil er »Selbstkritik« pflege, während der Koran »nichts von Widersprüchen, Hader mit Gott, Zweifel an den großen Heldengestalten« wissen wolle (»Die Welt« vom 10. Oktober 2001). Gibt es denn im Koran nicht genügend Verse, die den Menschen auffordern, nachzudenken und sein Gewissen zu befragen?

Die Herausforderung unserer Tage, den islamistischen Terrorismus zu bekämpfen, lässt sich nicht allein mit militärischen Maßnahmen oder neuen Sicherheitsregelungen angehen. Auch die Antwort darauf, ob die Operation »Enduring Freedom«, der Militärschlag der USA und ihrer Bündnispartner, den gewünschten Erfolg bringen kann, wird erst die Zukunft bringen. In der Debatte um die Folgen der Attentate wurden immer wieder auch kritische Stimmen laut, die die Frage aufwerfen, inwieweit die angegriffene »Zivilisation« des Westens sich und ihre Idee von Demokratie und Freiheit nicht selbst ad absurdum führt, wenn sie an ihren Angreifern mit gewaltsamen Mitteln Vergeltung übt und dabei in Kauf nimmt, dass auch unschuldige Menschen unter diesen Maßnahmen zu leiden haben. Die Entscheidung, einen Militärschlag gegen Osama bin Laden, seine terroristische Organisation und das sie beherbergende Regime der Taliban zu führen, wurde von manchen als Umsetzung des alttestamentarischen Prinzips »Auge um Auge, Zahn um Zahn« kritisiert, wenngleich diese Kritik in den Medien oft auch nur verhalten geäußert wurde.

Wenn wir die Herausforderung, den islamistischen Terror einzudämmen, annehmen wollen, dann müssen wir uns zuallererst der theoretischen Begründungen annehmen, die ihn ermöglichen. Das bedeutet auch, dass wir zu einer differenzierten Betrachtungsweise finden, die es ermöglicht, die hartnäckigen Vorurteile, die dem Islam entgegengebracht werden, abzubauen. Denn nur so lässt sich der Verblendung der Terroristen etwas entgegensetzen, das ihre verfälschende Sichtweise entlarvt. Jener Polemik, die nicht mehr zwischen Islam und islamistischem Terror unterscheidet und insofern indirekt der Argumentation der Fanatiker dient, da sie im Islam tatsächlich eine Legitimierung für Terror und Gewalt vermutet, muss der Boden entzogen werden.

Man kann nicht oft genug darauf verweisen, dass der Krieg, der durch die Terroranschläge vom 11. September 2001 entfacht wurde, kein Krieg zwischen »dem Islam« und »dem Westen« bzw. der christlich-abendländischen Kultur ist. Dieser Krieg findet statt zwischen einem extremistischen Islamismus, der eine durch fanatische Mullahs vorangetriebene Pervertierung des Islam darstellt, und dem, was von vielen westlichen Politikern und Denkern als »die Zivilisation« oder »unsere Werte« bezeichnet wird und wozu man die grundlegenden Errungenschaften des Humanismus zählt – etwa Demokratie, Meinungs- und Religionsfreiheit oder technischen Fortschritt. Wenn fanatische Islamisten, die ihren Terror im Namen Allahs in der Welt verbreiten, in mehr oder weniger eloquenten Verlautbarungen auch ein noch so verzerrtes und instrumentalisiertes Bild des Islam abgeben: Der Islam, wie er im Koran und den Schriften über das Leben Mohammeds überliefert ist, steht den zivilisatorischen Ideen des Westens nicht feindlich gegenüber. Dies wurde in den vorangegangenen Kapiteln ausführlich dargelegt. Sicherlich sind viele der so genannten islamischen Staaten unserer Tage weit davon entfernt, das hohe Ideal, das der Koran vorgibt, einzulösen – sei es in Bezug auf die koranische Forderung nach Religionsfreiheit oder die Gleichstellung von Mann und Frau. Es ist jedoch fatal, daraus im Umkehrschluss zu folgern, Nicht-Muslime und Frauen würden im Islam generell unterdrückt. Der Islam lehrt keineswegs, dass außerhalb seines Reiches kein Heil zu finden ist, auch wenn viele Darstellungen diesen bitteren Nachgeschmack hinterlassen.

Wir haben in dieser Situation nur die Wahl, aus einem gewalttätigen »Kampf der Kulturen« einen »Kampf um Kultur« werden zu lassen, wie dies Kulturstaatsminister Julian Nida-Rümelin in seiner Rede zur Eröffnung der Frankfurter Buchmesse 2001 sagte. Es steht uns nicht frei, andere zu diskriminieren und statt Differenzierung Polarisierung zu betreiben, die auf unsachlichen und falschen Grundlagen fußt. Unredliche Polemik, starke Worte, das Abreißen von Brücken, die einen Dialog und Austausch ermöglichen würden, sind die Totengräber der Kultur. Was jetzt gefordert ist, ist die Fähigkeit, aufeinander zuzugehen und einander zuzuhören. Wenn in diesen Tagen der martialisch gefärbten Kriegsberichterstattung die Talkshow-Königin der USA, Oprah Winfrey, Musliminnen einlädt, einem amerikanischen Publikum in ihrer Sendung von ihrem Leben zu erzählen, und danach betont, der Geist des Islam sei geprägt von Toleranz und dem Respekt vor menschlicher Würde, dann ist das ein ermutigendes Zeichen.

Wir müssen den Dialog der Kulturen suchen und uns um ausgewogene Information bemühen. Schon kleine Schritte können zu einer Entgiftung des Klimas beitragen und womöglich gar zu einem Miteinander führen.

Eine herbeigeredete Islam-Phobie wird die reale Bedrohung durch jene fanatischen Krieger, die sich auf Allah und den Islam berufen, nicht abwenden helfen. Aufklärung über die Wurzeln des Islam tut Not – auf allen Seiten. Solange es militanten islamistischen Führern gelingt, in den Köpfen ihrer Anhänger den Glauben zu verwurzeln, sie stünden im Einklang mit dem Willen Allahs und befolgten nur dessen Befehl, findet der Terror Nährboden. Solange viele Muslime mit der Arroganz und Überheblichkeit des Westens konfrontiert werden, haben fanatisch islamistische Ideen größere Chancen, Sympathisanten zu finden – in der islamischen Welt wie im Westen. Dass falsche Ideen jedoch nicht mit Waffen ausgerottet werden können, ist eine Lektion, die uns schon die Geschichte erteilt. Der Krieg gegen den Terrorismus ist somit auch ein Krieg der Argumente.

Frieden und Sicherheit sind nur dann möglich, wenn wir nicht zulassen, dass sich in dem angeblichen Kampf der Kulturen die Fronten noch weiter verhärten. Das kann nur dadurch gelingen, dass wir den Diaolg zwischen westlicher und islamischer Welt mit allen zur Verfügung stehenden Mitteln fördern.

# Literatur

Siehe auch die Literaturangaben in der »Editorischen Notiz«, S. 8.

Auszüge aus dem Sahih Al Bukari. Islamische Bibliothek, Köln 1989. Übersetzt von Mohammed Ibn Ahmad Ibn Rassoul.
So sprach der Prophet. Worte aus der islamischen Überlieferung. Gütersloher Verlagshaus, Gütersloh 1988. Herausgegeben und übersetzt von Adel Theodor Khoury.
Ausgewählte Hadith. Frankfurt 1989. Übersetzt von Tariq Habib Guddat.
Der Koran. Das heilige Buch des Islam. Aus dem Arabischen von Max Hennig. Überarbeitet und herausgegeben von Murad Wilfried Hofmann. Heinrich Hugendubel Verlag/Diederichs, Kreuzlingen/München 1999.
Der Koran arabisch deutsch. Aus dem Arabischen von Max Hennig. Überarbeitet und herausgegeben von Murad Wilfried Hofmann. Heinrich Hugendubel Verlag/Diederichs, Kreuzlingen/München 2001.

Mirza Ghulam Ahmad: Philosophie der Lehren des Islam. Verlag Der Islam, Frankfurt a. M. 1996.
Mirza Tahir Ahmad: Murder in the name of Allah. Lutterworth Press, Cambridge 1989.
Sheik Nasir Ahmad: Jihad – der »Heilige Krieg« im Islam. Verlag Der Islam, Frankfurt a. M. 1991.
Murad Wilfried Hofmann: Der Islam als Alternative. Heinrich Hugendubel Verlag/Diederichs, Kreuzlingen/München 1992.
Ders.: Der Islam im 3. Jahrtausend. Eine Religion im Aufbruch. Heinrich Hugendubel Verlag/Diederichs, Kreuzlingen/München 2000.
Hadayatullah Hübsch: Islam – 99 Fragen und Antworten. Betzel Verlag, Nienburg 1998.
Ders.: Frauen im Islam – 55 Fragen und Antworten. Betzel Verlag, Nienburg 1999.
Ders.: Prophezeiungen des Islam, Knaur-Verlag, München 1993.
B. A. Rafiq: Wahrheit über Ahmadiyyat. Verlag Der Islam, Frankfurt a.M. 1992, aus diesem Buch stammen auch die im Text erwähnten Zitate der Bücher »Taryaq-u-Qulub« und »Sitara Qaisraia«.
Muslim Saints and Mystics. Erschienen bei Routledge&Kegan Paul, London 1966. Übersetzt von A. J. Arberry.